Ufficio Scolastico Regionale per la Calabria

STUDI E DOCUMENTI

1

Piano Formazione Docenti Calabria
PNFD- Neoassunti-Inclusione
a.s.2017/18

CATANZARO

2019

Prima edizione: 2019

ISBN 978-0-244-16537-6

Ufficio Scolastico Regionale Per La Calabria

Via Lungomare 259

Italia, Catanzaro, 88100

http://www.istruzione.calabria.it/

direzione-calabria@istruzione.it

drcal@postacert.istruzione.it

Premessa

Maria Rita Calvosa

Direttore Generale USR Calabria

La qualità dell'offerta formativa di ogni scuola, qualsiasi sia l'ordine o il grado di appartenenza, dipende da diversi fattori, primo fra tutti la capacità organizzativa del Dirigente Scolastico e la sua capacità di guardare oltre il quotidiano, immaginando la propria opera proiettata nel futuro ed i frutti che essa può (e in alcuni casi "deve") generare, sia nel medio che nel lungo termine. Il Dirigente Scolastico è il fulcro tra scuola e territorio, tra scuola ed aspettative sociali, tra interno ed esterno scolastico, sia in verticale che in orizzontale; egli pertanto ha l'onere e l'onore di sapere (e dovere) proiettare le giovani generazioni verso orizzonti possibili, auspicabili e realizzabili, orizzonti che vedano la futura classe dirigente del Paese, ancora "in erba", preparata e pronta alle continue mutevolezze dei tempi, oltre le mode e gli stereotipi passeggeri, con idee e formazione forti, coerenti nelle scelte di vita e capaci di leggere ed interpretare gli eventi che in essa si verificano e si susseguono.

In tale ottica di fondamentale importanza è il supporto che gli UU.SS.RR, raccordati costantemente con gli Uffici Centrali dell'amministrazione scolastica, e in linea con le indicazioni provenienti da essi, in termini anche e soprattutto di quote finanziarie che annualmente vengono destinate alla formazione e all'aggiornamento: l'aggiornamento costituisce infatti l'elemento di stimolo professionale più importante per un Dirigente Scolastico, è la chiave di lettura migliore per la definizione chiara e precisa dell'innovazione didattica e organizzativa, innovazione che rappresenta sicuramente il grado di qualità dell'offerta formativa della scuola.

Unitamente alla continua e costante riqualificazione della figura del Dirigente Scolastico, è indispensabile, quasi conseguenziale, la formazione e l'aggiornamento del docente, specie neoassunto, per come i decreti ministeriali, successivi alla legge 107/2015, hanno raccomandato, in differenti momenti e con particolari e minuziose specifiche, ridisegnando i percorsi formativi in generale, con particolare riguardo alla formazione dei docenti neoassunti.

Il docente, front-line dell'azione formativa della scuola, diventa nella classe colui che "accende la luce del sapere", e nella società in cui oggi la scuola è immersa, essa non può prescindere dalle conseguenze della mutevolezza delle cose e dei valori stessi, dalle sollecitazioni costanti verso nuove frontiere del sapere, non può fermarsi alla sola trasmissione di conoscenze, ma deve andare oltre, puntando verso l'acquisizione di competenze sempre più ampie ed articolate, verso la formazione di un pensiero libero da condizionamenti e capace di lettura critica degli eventi. La formazione e l'aggiornamento del docente su nuove e sempre più stimolanti strategie didattiche e relazionali, la conoscenza e l'approfondimento di scenari ed obiettivi formativi internazionalizzati, permettono al docente di poter essere in classe il leader dal quale gli studenti possono acquisire conoscenze, ma anche colui con cui instaurare relazioni ricche di empatia docente-discente che permette il confronto, il dialogo e l'apprendimento di abilità utili, adattabili e perfezionabili nel tempo e nello spazio, anche oltre le mura della scuola.

La formazione ed il confronto, anche tra colleghi con realtà professionali e territoriali diversificate, permettono al docente di rafforzare le competenze progettuali, valutative, organizzative e relazionali in riferimento alla qualità del servizio formativo che si vuole offrire agli studenti ed al territorio.Da queste convinzioni muove l'azione partecipativa ed organizzativa dell'USR, in termini di formazione e aggiornamento di tutto il personale che opera nella comunità scolastica: incontri continui, informativi e formativi nei territori, diventano dunque momenti di crescita per una scuola che vuole essere all'avanguardia, che non vuole cadere nell'errore della ripetitività nell'insegnamento, o della trasmissione del sapere; di una scuola che si percepisce quale primo attore nel cambiamento, lento ma continuo, verso lo sviluppo socio-economico della realtà che la circonda.

Formazione Docenti Neoassunti 2017/18 Calabria

Angela Riggio

Dirigente Vicario USR Calabria

RIEPILOGO REGIONALE DATI

A livello regionale le ore di formazione sono state : **614**;
I periodi di avvio e conclusione dei corsi sono andati dal **27/10/2017 al 15/05/2018**;
Numero dei discenti previsti: **1351**;
Numero docenti iscritti: **1323**;
Numero docenti frequentanti: **1227**;
Laboratori attivati:

1) **BES**
2) **Nuove risorse digitali**
3) **Sviluppo Sostenibile**
4) **Gestione classi**

Solo in provincia di Crotone: Alternanza Scuola-Lavoro

Solo per l'IIS La Cava Bovalino: Dinamiche Interculturali.

RISULATI   MONITORAGGIO   *E   ASPETTI* *STRUTTURALI E CONTENUTISTICI*

Nell'ambito dell'attività di formazione dei docenti neoassunti, relativa all'anno scolastico 2017/2018, tutti i 13 ambiti territoriali della regione Calabria hanno svolto le seguenti attività:

- hanno prodotto materiali formativi in cartaceo e modalità web pubblicati sui siti di tutte le scuole polo;

- hanno realizzato un laboratorio sullo Sviluppo Sostenibile;
- hanno utilizzato sia i canali d'aula che il web based training;
- hanno previsto per la valutazione sia i test di ingresso che la customer satisfaction;
- hanno offerto un'azione di supporto digitale e una fase di e-learning su piattaforma della scuola:
- hanno svolto il tutoraggio peer to peer.

AZIONI USR

Lo Staff PNFD , composto da Dirigenti Tecnici e Amministrativi, docenti, funzionari ed assistenti di tutte le province calabresi, ha garantito il coordinamento delle attività, al fine di realizzare un pieno raccordo con il Piano di formazione docenti 2016-2019 (DM 797/206). Si sono svolte regolari conferenze di servizio con i DD.SS. delle Scuole Polo per la formazione d'ambito, per informare delle novità del percorso neoassunti e per uniformare l'azione sul territorio, obiettivo congiunto con quello dell'Ufficio formazione dell'USR (II) che ha emanato tutte le circolari contenenti le linee guida operative per le scuole polo, indicando orientamenti e finalità.(prot. n. 35085 del 2 agosto 2018, prot12015 dell'08/08/2018)

Il percorso si è proposto l'obiettivo di armonizzare le azione formative su 3 livelli:

- quello nazionale, con definizione degli indirizzi strategici e delle regole di funzionamento;
- quello delle scuole , nell'ottica del miglioramento stabilito nell'ambito della propria autonomia;

- quello del singolo docente, finalizzato allo sviluppo professionale continuo.

Lo Staff e l'Ufficio II, come ogni anno, hanno garantito il monitoraggio quali-quantitativo successivo, con azioni di verifica dell'efficacia didattica e organizzativa, e il supporto tecnico necessario per le azioni di rendicontazione .

Banner formazione su sito istituzionale USR Calabria

http://www.istruzione.calabria.it/piano-per-la-formazione-dei-docenti-2016-2019/

E' stata realizzata, già nello scorso anno, una sezione informativa su tutte le attività di formazione nell'ambito del Piano Nazionale di Formazione, comprese le iniziative solte con i fondi regionali.

In essa sono stati pubblicati: slide e materiali degli incontri, note ministeriali e regionali, modulistica varia, report ecc.

Incontri formativi per tutor neoassunti – quota regionale ex tabella 2 nota AOODGPER47777 dell'08/1172017

Sono stati pianificati incontri di formazione per i tutor dei neoassunti, a cura di:

- Relatori docenti UNICAL su **"Il Cervello a Scuola."**- 03 Settembre 2018 presso IC Sant'Eufemia-Lamezia di Lamezia Terme (CZ) nota 16264 del 25/07/2018;
- Relatori : ricercatori INDIRE - tema *Avanguardie educative (AE): un modello di innovazione sostenibile" - 27* Settembre 2018 – presso l' IPSSAR

Lamezia Terme. In tali incontri è stata prevista la testimonianza delle esperienze più significative di visiting.

Pubblicazioni

E' stata pubblicata, a Giugno 2018, la rivista «Studi e Documenti», a cura dell'USR Calabria- Ufficio II, contenente l'approfondimento di aspetti normativi, didattici e organizzativi, corredato dai dati statistici e dagli esiti di monitoraggi e questionari di gradimento.

Incontri propedeutici e finali

Durante gli incontri propedeutici sono state fornite indicazioni sulle diverse fasi del percorso di formazione e sono stati illustrati i materiali di supporto per la successiva gestione delle attività (struttura dei laboratori formativi, format del bilancio di competenze e del portfolio). In alcune province hanno partecipato anche i tutor, incaricati della supervisione dei neoassunti, per la condivisione di informazioni e strumenti. Nelle province di Cosenza, Crotone e Vibo Valentia gli incontri hanno visto la partecipazione di docenti di uno o più ambiti territoriali contigui.

Inoltre, negli incontri di restituzione finale, sono state presentate le testimonianze dei docenti in formazione.

Durante gli incontri propedeutici, il 93 % delle Scuole Polo di formazione d'ambito ha visto l'impegno del Dirigente Scolastico nell'organizzazione e nel coordinamento delle attività e la funzione di relatore nell'86% dei casi.

Solo il 7% ha inteso relazionare negli incontri finali.

Sono state adottate formule organizzative flessibili, per evitare generiche e improduttive assemblee plenarie:

difatti il 43% delle scuole polo ha limitato a 100 il numero dei destinatari di tali incontro, magari riproponendolo in più edizioni , per una migliore ricaduta ed efficacia. Solo nella provincia di Cosenza, a causa dei numeri elevati di docenti, si sono svolti gli incontri con oltre 400 partecipanti.

L'86% delle Scuole Polo non ha previsto la partecipazione di testimonial, avvalendosi solo del personale dell'amministrazione scolastica.

Analisi e restituzione dei bisogni formativi

I bisogni formativi sono stati analizzati dal 50% delle scuole con un'attività preliminare ai laboratori formativi, per il restante 50% durante gli incontri propedeutici. Tale raccolta, realizzata tramite questionari sia on line che cartacei, è stata a totale cura della scuola polo in autonomia.

- Nel 72% dei casi non è stata solta nessuna restituzione pubblica, ma è servita per l'attivazione dei laboratori.

Laboratori Formativi

I conduttori dei laboratori formativi sono stati scelti da tutte le scuole polo tramite bandi pubblici con i medesimi requisiti di accesso per tutta la regione, come da Linee Guida dell'ufficio II.

L'efficacia dei loro interventi è stata verificata con la somministrazione di un questionario di gradimento, da parte del 93% delle scuole.

A giudizio dell'86% delle scuole, i docenti hanno vissuto l'esperienza del laboratorio formativo con interesse e partecipazione, anche se risulta emergere la solita criticità del monte orario limitato (3 h).

Sono stati realizzati i laboratori novità sullo sviluppo sostenibile che sono stati dedicati in quasi il 50% dei casi all'approfondimento di alcuni o tutti gli obiettivi dell'Agenda 2030 e al Sustainable Development Goals.

Visite in scuole innovative

Le domande per poter svolgere le attività di visiting sono state 141, corrispondenti a circa il 10% dei docenti in periodo di formazione e prova.

Per la Calabria, il MIUR aveva previsto il numero massimo di 83 partecipanti, che sono stati scelti fra quelli in servizio in scuole a rischio, con alta percentuale di dispersione e di presenza di stranieri.

Hanno preso parte alle attività di visiting 78 docenti, che hanno seguito un protocollo definito, previsto dalle Linee Guida USR .

I docenti hanno visitato le scuole, per lo più in piccoli gruppi.

Le scuole sedi di visiting sono state scelte fra quelle che avevano manifestato liberamente la loro disponibilità, sia con criteri di viciniorietà, sia secondo criteri di innovatività nell'organizzazione del tempo/spazio scuola, sia nella metodologia didattica .

Come si evince dal grafico circa l'85% delle scuole polo ha ritenuto efficace l'attività sperimentale del visiting.

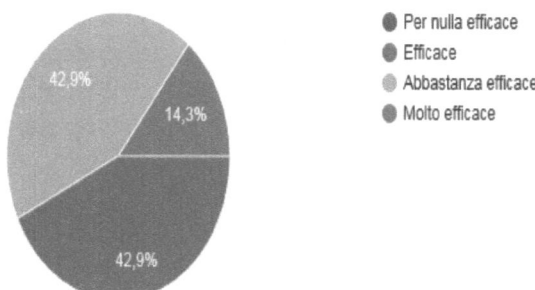

Lo Staff regionale ha selezionato le 5 scuole sedi visiting (una per provincia: IC Torano Castello (CS), IC Chiaravalle 2 (CZ), IC Alcmeone (KR), IC Falcomatà Archi (RC), IC Rombiolo (VV), che hanno testimoniato la loro attività davanti ai referenti INDIRE (incontro 27/09)

Ambiente on line INDIRE

L' l'80% degli intervistati è stato d'accordo (livello 4 – colore verde):

- L'ambiente on line è risultato facile da usare per i docenti
- L'ambiente on line forniva tutta la documentazione necessaria per i referenti regionali/ di ambito per poter assistere i docenti;
- Le giornate informative di dicembre 2017 sono risultate utili a garantire la massima sinergia tra gli stakeholder dell'anno di formazione e prova
- La sezione del toolkit dedicata ai tutor (http://neoassunti.indire.it/2018/toolkit.html) è risultata utile ed efficace

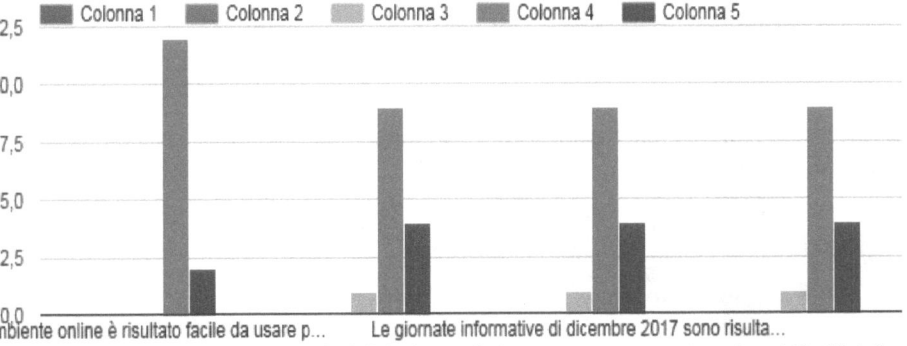

Legend: Colonna 1 | Colonna 2 | Colonna 3 | Colonna 4 | Colonna 5

mbiente online è risultato facile da usare p...   Le giornate informative di dicembre 2017 sono risulta...

L'ambiente online forniva tutta la documentazione ne...   La sezione del toolkit dedi...

Criticità

La maggior parte delle scuole hanno richiesto di ripensare la gestione dei tempi, poiché tra formazione neoassunti, formazione ATA, e formazione Docenti in servizio, la mole di lavoro aggiunta alle procedure ordinarie di qualsiasi istituzione scolastica (già onerose), diventa particolarmente gravosa.

Si è rilevata nuovamente l'osservazione su una durata troppo breve dell'attività laboratoriale.

La procedura amministrativa di reclutamento ex DI 326/95 "formatori" non sempre riesce a garantire la qualità degli esperti reclutati, stante i compensi previsti.

In una provincia si sono registrati alcuni ritardi, dell'Ufficio di ambito territoriale, nella consegna alla scuola polo degli elenchi degli aventi diritto allo svolgimento del periodo di formazione e prova.

Si è registrato anche il ritardo nella comunicazione dei docenti che non avevano svolto il periodo di formazione e prova per motivazioni regolarmente documentate.

Lo Staff e l'USR hanno avvertito, anche per questo anno scolastico, la complessità nel coordinamento delle 13 scuole polo, in quanto le azioni di indirizzo tese ad uniformare i percorsi e a dare univocità di risultati, in molti casi, si sono scontrate con la volontà dei Dirigenti di seguire percorsi autonomi, discostandosi – talvolta -   dagli orientamenti comuni decisi in Conferenza di Servizio o indicati nelle note regionali.

Suggerimenti

Sarebbe   utile   prevedere,   in tutte le regioni, la presenza, una tantum,   di esponenti della Cabina di Regia MIUR per la formazione e di ricercatori INDIRE che possano fornire il loro contributo di esperienza e consulenza per i numerosi quesiti che si attivano di fronte ad ogni nuova procedura. Tale consulenza potrebbe anche garantirsi on line.

Sarebbe , altresì, particolarmente utile che il MIUR predisponga una pubblicazione on line, a carattere nazionale, con i contributi dei referenti per la formazione di tutti gli USR, affinché si realizzi una banca dati di buone pratiche amministrative e didattiche a cui attingere.

ESITI QUESTIONARIO GRADIMENTO

Ambito territoriale presso il quale ha svolto il percorso formativo

145 risposte

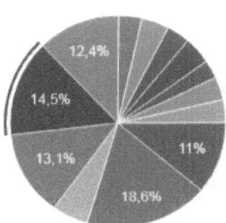

- 01 ITT Malafarina Soverato
- 02 IIS Majorana Girifalco
- 03 IC Don Milani De Matera Cosenza
- 04 IPSSEOA Paola
- 05 ITC Palma Corigliano
- 06 IIS Castrovillari
- 07 IC Cutro
- 08 IC Papanice

1/2 ▼

Ambito territoriale presso il quale ha svolto il percorso formativo

146 risposte

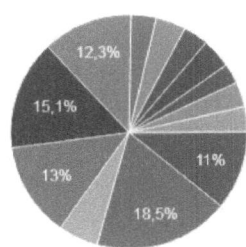

- 09 ITIS Panella-Vallauri Reggio Cal.
- 10 IIS Bovalino
- 11 IIS Severi-Guerrisi Gioia Tauro
- 12 Liceo Capialbi Vibo Valentia
- 13 IIS Tropea

▲ 2/2 ▼

Ordine o grado scolastico di nomina in ruolo

146 risposte

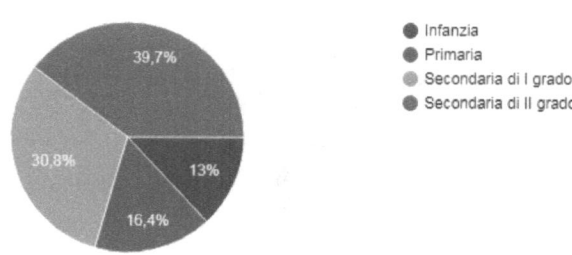

- ● Infanzia
- ● Primaria
- ● Secondaria di I grado
- ● Secondaria di II grado

Indicare se nell'anno scolastico 2017/18 ha prestato servizio su:

146 risposte

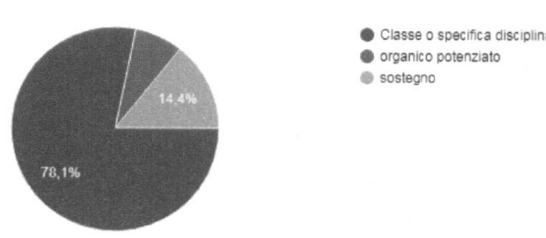

- ● Classe o specifica disciplina
- ● organico potenziato
- ● sostegno

La formazione da lei svolta nell'ambito del periodo di prova e formazione ha risposto alle sue esigenze formative, risultando produttiva ai fini del suo inserimento nel nuovo mondo del lavoro?

146 risposte

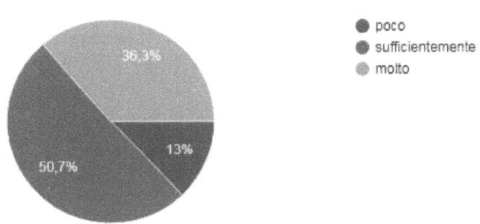

- poco
- sufficientemente
- molto

I contenuti e i metodi di presentazione delle ore in presenza, in particolare i laboratori, sono applicabili nel suo contesto organizzativo, didattico, metodologico?

146 risposte

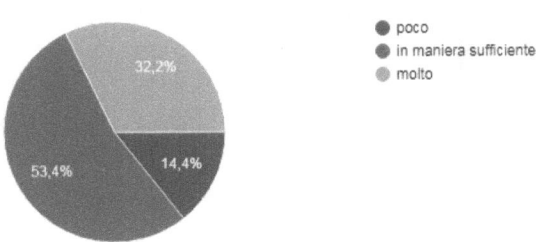

- poco
- in maniera sufficiente
- molto

Quali aree tematiche ha approfondito di più durante le attività di formazione connesse al periodo di prova e formazione?

146 risposte

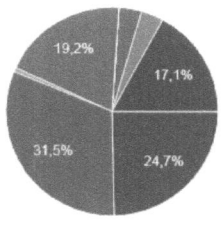

- ● Nuove risorse digitali e loro impatto...
- ● Gestione della classe e problematic...
- ● Sistema Nazionale Valutazione (aut...
- ● BES disabilità e disagio
- ● Educazione all'affettività
- ● Dispersione scolastica
- ● Inclusione sociale e aspetti iontercu...
- ● Alternanza scuola-lavoro e Orienta...

▲ 1/2 ▼

Quali aree tematiche ha approfondito di più durante le attività di formazione connesse al periodo di prova e formazione?

146 risposte

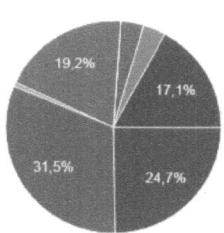

- ● Educazione allo Sviluppo Sostenibile
- ● Specifici approfondimenti disciplinari e didattici

▲ 2/2 ▼

Quali tematiche/campi di esperienza/aree disciplinari avrebbe ritenuto più utile approfondire?

147 risposte

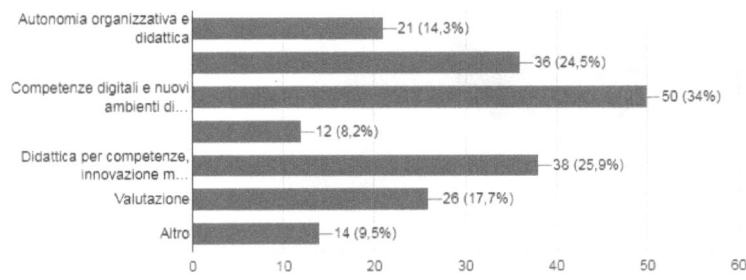

ha partecipato alle attività di visiting?

147 risposte

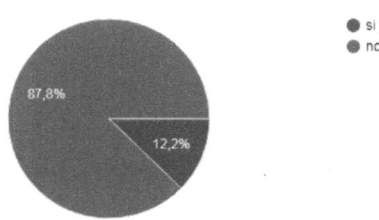

- si
- no

87,8%

12,2%

Qualora alla precedente domanda avesse risposto si, ce ne dia un giudizio

22 risposte

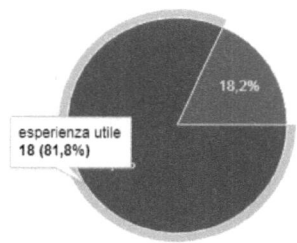

- esperienza utile
- non produttiva per la mia formazione

18,2%

esperienza utile
18 (81,8%)

I docenti/relatori che hanno tenuto gli incontri in presenza (seminari, incontri propedeutici e conclusivi) sono stati capaci di coinvolgerla verso i temi trattati?

147 risposte

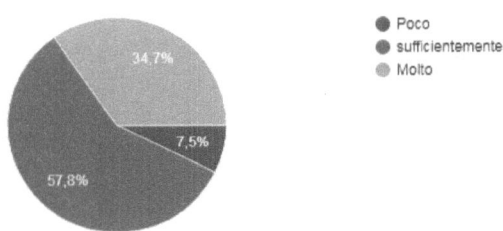

- Poco
- sufficientemente
- Molto

34,7%

7,5%

57,8%

Nel caso in cui alla domanda precedente abbia risposto poco descriva brevemente le motivazioni di un tale giudizio e fornisca dei suggerimenti su possibili correttivi da adottare

10 risposte

Gli argomenti sono stati ripetitivi e trattati in maniera superficiale

Non erano abbastanza preparati e coinvolgenti. Erano molto teorici e poco pratici.

In un caso era evidente la preparazione approssimativa del relatore sul tema in esame, ma in generale la ridotta quantità di tempo impediva un approccio proficuo ai problemi, riducendo il tutto a una breve, astratta e lacunosa esposizione. Andrebbe rivisto il percorso nel suo complesso, sostituendo gli incontri in presenza con attività realmente pratiche e laboratoriali, orientate alla risoluzione di problemi concreti.

Ho 35 anni di servizio di ruolo e mi è ritoccato l'anno di prova solo per una sciocca legge che obbliga a farlo a chi dalla media va al superiore. Ho sentito cose che pratico da tantissimi anni.

Alcuni docenti poco preparati e poco coinvolgenti, il carico di lavoro notevole rispetto i tempi di consegna, spesse volte le consegne per i laboratori erano poco chiare.

I laboratori sono stati a dir poco ridicoli; i formatori per lo più impreparati; in conclusione, una inutile perdita di tempo

Le tematiche sono state affrontate in maniera poco organica e in modo superficiale. Ci sarebbe bisogno di casi pratici e spunti reali di discussione e confronto.

Non sono stati capaci di fornire esempi pratici e soluzioni da attuare in classe

Personale poco specializzato/tranne un unico laboratorio) e informato sull'argomento da trattare. Lezione non

I docenti/formatori incontrati durante i laboratori, rispetto alle attività proposte, complessivamente hanno risposto alle sue aspettative?

147 risposte

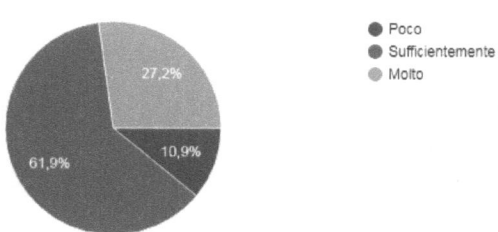

- ● Poco
- ● Sufficientemente
- ● Molto

Nel caso in cui alla domanda precedente abbia risposto poco descriva brevemente le motivazioni di un tale giudizio e fornisca dei suggerimenti su possibili correttivi da adottare

13 risposte

Alcuni formatori erano del tutto incompetenti

Un relatore era poco preparato, altri due erano piatti nell'esporre i temi e pedanti. Solo uno dei quattro relatori era sufficientemente coinvolgente e carismatico. Scegliere formatori più preparati o dialetticamente più abili.

Abolite l'anno di prova a chi ha già più di cinque anni di ruolo e ottiene il passaggio.

Hanno praticamente fatto svolgere a noi dei progetti senza aggiungere nulla alle nostre competenze. Il laboratorio di competenze digitali, che avrebbe sovuto essere il più interessante, non ha presentato nessun metodo "digitale" per l'insegnamento nelle classi, niente di niente: solo tempo sprecato.

essere più preparati e non limitarsi a leggere le slides

Scarsamente preparati e proponenti lezioni noiose, prive di novità e/o notizie utili e applicabili alla didattica

Alcuni formatori non hanno trattato l'argomento oggetto di laboratorio in maniera adeguata ad un pubblico di professionisti che non hanno certo bisogno di teoria, ma di casi reali e prospettive possibili di azione in aula.

Alcuni laboratori hanno presentato contenuti troppo nozionistici, e i relatori poco coinvolgenti

poco aggiornati

docenti impreparati

I tutor nella fase del peer to peer sono stati in grado di supportarla, nel bilancio iniziale e finale, nell'accoglienza/ consulenza e reciproca osservazione nella fase di tutoring, e nella progettazione?

147 risposte

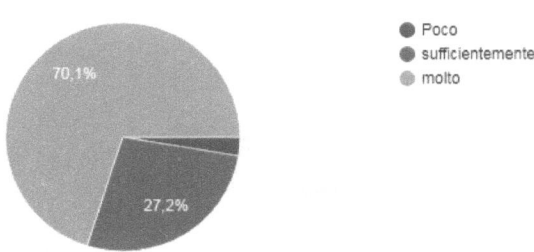

- Poco
- sufficientemente
- molto

Il Dirigente Scolastico è stato efficace nel suo ruolo mettendole a disposizione il PTOF, stipulando il patto professionale nei tempi, designando subito il tutor, attestando le ore peer to peer, presentando una relazione su di lei e visitando la classe almeno una volta?

147 risposte

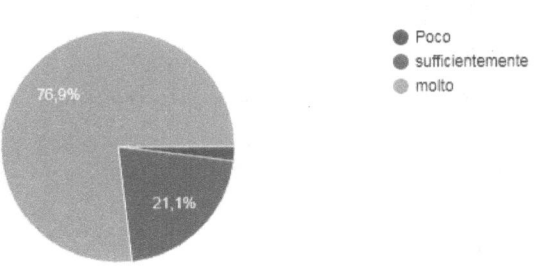

- Poco
- sufficientemente
- molto

Quanto valuta che le risorse presenti nella Piattaforma INDIRE l'abbiano coadiuvata nel suo processo di apprendimento e crescita professionale?

147 risposte

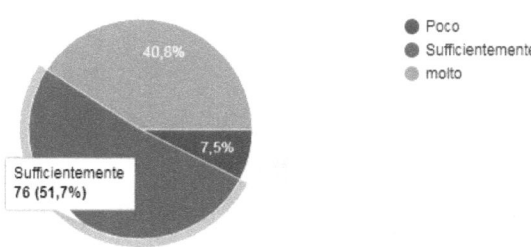

- Poco
- Sufficientemente
- molto

40,6%

7,5%

Sufficientemente
76 (51,7%)

Nel caso in cui alla domanda precedente abbia risposto poco descriva brevemente le motivazioni di un tale giudizio e fornisca dei suggerimenti su possibili correttivi da adottare

9 risposte

Si è trattato spesso di ottemperare a un dovere burocratico, percepito come una seccatura.
Sito ben fatto e molto performante, ma contenuti, come al solito teorici e poco applicabili sul campo. (2)

Domande guida stereotipate e completamente slegate dai problemi concreti di una scuola non sono state di nessun aiuto per la rielaborazione della concreta esperienza lavorativa. Vanno riviste, adattate alla specificità dell'incarico di ogni singolo docente e rese in generale meno astratte.

Le pratico e le conosco da anni

Troppo lavoro da svolgere, considerando che si deve lavorare nelle classi e seguire la formazione. Il percorso dovrebbe essere più snello ed essenziale

Tanta burocrazia e poca sostanza

piattaforma inutile -

Si è trattato di un'elefantiaca e poco fruttuosa produzione di materiali che nulla ha aggiunto e nulla ha tolto alla crescita professionale: anzi, ha sottratto tempo prezioso alla progettazione didattica

Piattaforma inutile e portfolio troppo lungo da compilare

Tra le seguente metodologie, quali pensa siano le più efficaci per i suoi bisogni formativi?

147 risposte

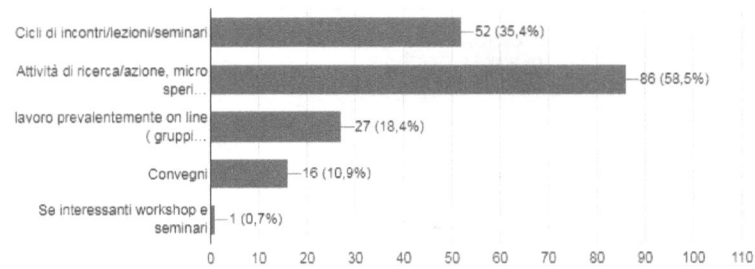

- Cicli di incontri/lezioni/seminari — 52 (35,4%)
- Attività di ricerca/azione, micro speri... — 86 (58,5%)
- lavoro prevalentemente on line (gruppi... — 27 (18,4%)
- Convegni — 16 (10,9%)
- Se interessanti workshop e seminari — 1 (0,7%)

Quanto tempo, comprensivo del lavoro online e documentazione, dovrebbe essere dedicato annualmente alla propria formazione in servizio?

147 risposte

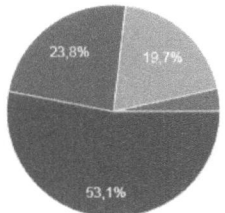

- non può essere quantificato
- non meno di 25 ore
- da 25 a 50 ore
- oltre 50 ore

23,8% 19,7% 53,1%

Tendenzialmente preferisce frequentare corsi promossi

147 risposte

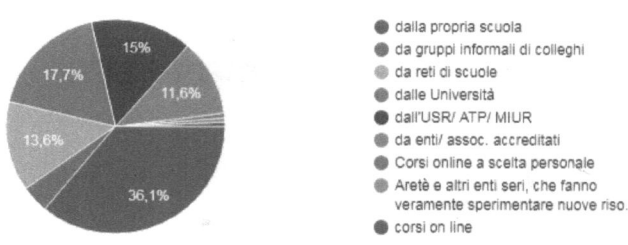

- dalla propria scuola
- da gruppi informali di colleghi
- da reti di scuole
- dalle Università
- dall'USR/ ATP/ MIUR
- da enti/ assoc. accreditati
- Corsi online a scelta personale
- Aretè e altri enti seri, che fanno veramente sperimentare nuove riso...
- corsi on line

La scuola polo per la formazione d'ambito che ha gestito la formazione è stata in grado di soddisfare le sue esigenze?

147 risposte

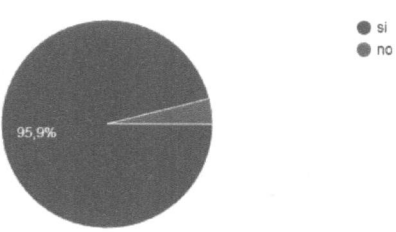

- si
- no

Suggerimenti dei docenti destinatari dell'attività formativa

- Calibrare meglio i laboratori su esigenze di formazione reali, anche tenendo conto delle discipline d'insegnamento. Quindi proporre laboratori più specifici.

- Le attività laboratoriali dovrebbero essere maggiormente orientate su attività pratiche che possano fornire spunti a cui attingere per elaborare attività didattiche laboratoriali nel contesto classe.

CONCLUSIONI

La formazione per i docenti "in periodo di formazione e prova" ha avuto come finalità il perseguimento degli obiettivi formativi presenti nel PNFD, il sostegno alla ricerca-azione, in riferimento alle innovazioni di struttura e ordinamento, il supporto all'innovazione metodologico – didattica all'interno delle scuole e nei diversi ordini.

La diffusione delle buone pratiche educative e didattiche, consentendo ai docenti di ogni ordine e grado di appropriarsi di strumenti e competenze, indispensabili alla crescita e al potenziamento della propria professionalità, permette di sviluppare la motivazione personale e migliorare la comunicazione fra i docenti stessi.

La piramide della formazione

Modelli innovativi di formazione del personale docente

Maurizio Piscitelli,

Coordinatore del Servizio ispettivo, MIUR - USR per la Calabria

La formazione del personale docente assume una dimensione strategica particolarmente rilevante in un momento in cui, come quello attuale, la scuola italiana si appresta a rinnovarsi e a conformarsi alle esigenze del mondo che cambia. Uno dei punti nodali nelle riflessioni che ruotano intorno alla formazione è sicuramente il ruolo delle ricadute. La formazione del personale come viene intesa oggi non può essere assimilata al vecchio aggiornamento, che consisteva essenzialmente in un arricchimento delle conoscenze delle competenze professionali del docente, magari declinate esclusivamente secondo i paradigmi della disciplina di insegnamento. Oggi tutto ciò risulta alquanto anacronistico perché prevale la concezione dell'aggiornamento costante e continuo per tutto l'arco dell'esperienza lavorativa. Le nuove categorie interpretative, connotate dalla complessità e dalla molteplicità delle letture, pongono l'accento su un elemento di grande importanza quale appunto le ricadute delle attività di formazione. Vero obiettivo della formazione appare, quindi, l'alunno e non il docente, nel senso che la formazione deve intendersi squisitamente come volano del miglioramento della qualità dell'offerta formativa e della professionalità del docente. Ciò significa che il docente si forma non per ampliare il proprio bagaglio di sapere, ma per fare meglio il suo lavoro. Non c'è quindi modo migliore di praticare la formazione, se non finalizzandola all'alunno attraverso il sistema della formazione a cascata, secondo una struttura piramidale.

La consapevolezza della necessità della formazione in servizio è stata rafforzata oggi, nella cosiddetta società della conoscenza, una società che vede come autentica ricchezza di ciascuno le conoscenze e le competenze che consentono di affrontare la fluidità di una realtà che cambia continuamente e che sicuramente richiederà agli alunni di oggi, cittadini e lavoratori di domani, di modificarsi più volte nel corso della loro esperienza professionale e lavorativa. Tutti i documenti comunitari, da Delors ai libri Verdi e Bianchi sull'istruzione della Comunità europea, dal Trattato di Maastricht (1992) in poi, mettono in risalto il ruolo fondamentale di una formazione in servizio che consenta alla scuola di tenere il passo con la società che cambia. La formazione continua, da realizzarsi attraverso tutti i canali formali, ma anche informali, deve essere intesa non come adempimento, come mero obbligo, ma come strumento di creazione di una rinnovata forma mentis, disponibile alla ricerca e tesa al miglioramento continuo. Cardini della formazione in servizio devono essere la sperimentazione e l'innovazione. L'insegnante che sperimenta ed innova è un insegnante che matura nella professionalità, che ottimizza il rendimento degli alunni sperimentando nuove procedure didattiche. Se il docente poi riesce a diffondere gli esiti delle sue esperienze e delle sue ricerche, allora favorisce la formazione dei suoi colleghi e la crescita dell'intera comunità scolastica. La scuola dell'autonomia è la scuola della ricerca e della innovazione, nessun altro elemento dell'autonomia scolastica è stato trascurato quanto la ricerca, che costituisce, invece, l'essenza più profonda dell'autonomia scolastica.

Il 7 gennaio 2016, il MIUR ha emanato la nota n. 35 che reca in oggetto "Indicazioni e orientamenti per la definizione del piano triennale per la formazione del personale", in attuazione della legge 107/2015, il cui comma 124 stabilisce che tale formazione è obbligatoria, permanente e strutturale. Dalla lettura delle citate fonti, ovvero la nota MIUR del 7/01/2016 e la legge n. 107/2015, risulta evidente che la formazione del personale docente, sia essa a livello nazionale oppure a livello di istituzione scolastica o di reti di scuole, mira a migliorare l'offerta formativa e favorire il successo formativo degli alunni. Nella nota del 7/01/2016, è espressamente indicato che il Piano Nazionale di Formazione mira a creare un nuovo modello di formazione, che non si basi più sulle classiche *lezioni cattedratiche,* in cui i docenti partecipanti sono soltanto soggetti passivi, costretti a seguire un certo numero di ore di lezione in presenza: essi dovranno diventare soggetti attivi delle attività poste in essere. Assumono particolare importanza, in questo scenario, i documenti relativi agli esiti formativi, sulla scorta dei quali sarà possibile misurare l'impatto delle innovazioni apprese dal docente sulla sua attività didattica e, quindi, sugli alunni. Il modello di formazione previsto dal Piano risulta efficiente nella misura in cui i docenti saranno formati, relativamente a contenuti, metodi e strategie necessari per far acquisire agli allievi le competenze attese.

Nel corso di alcune esperienze di formazione che mi sono state affidate negli ambiti Calabria 12 e 13, nella provincia di Vibo Valentia, ho avuto modo di sperimentare tale struttura piramidale della formazione. La procedura formativa ha rafforzato sia in me sia nei docenti che seguivano il corso la convinzione che autentico bersaglio della formazione è l'alunno e non il docente. Dopo le lezioni frontali, ho proposto ai docenti di lavorare su un tema, una proposta, una consegna, una procedura e di sperimentarla nelle ore di lezione con i propri alunni; passato all'incirca un mese dal termine degli incontri si è poi tenuta la restituzione. In quell'occasione ho potuto sperimentare la freschezza delle idee, l'originalità delle situazioni, l'entusiasmo dei docenti che hanno fatto tesoro di quello che si era detto in sede teorica, lo hanno applicato e ne hanno misurato poi la bontà dei risultati. Questi sono stati quindi definiti in termini di variazione autentica dei processi del modo di operare, degli assetti organizzativi, di variazione del livello di performance dell'organizzazione e dell'attività didattica. La ricaduta di cui stiamo valutando gli effetti non va confusa con i semplici risultati della formazione: essa richiede, infatti, un tempo non breve per concretizzarsi in effetti che siano completamente misurabili e che non riguardano soltanto l'apprendimento ma inevitabilmente anche questioni organizzative.

La formazione del personale docente, in tal modo, si unisce all'empowerment, alla fiducia nelle risorse e nelle capacità dell'individuo, pone il soggetto in condizioni di modificare quella realtà che troppe volte appare statica, quella quotidianità del fare scuola che spesso sembra ripetersi stancamente e che invece è ogni giorno una nuova avventura, una sfida, la prima pagina di un nuovo libro.

Verifica ispettiva docenti in periodo di formazione e prova con esiti negativi anno scolastico precedente.

Roberto Santagata
Dirigente Tecnico USR Calabria

Com' è noto il D.M. n. 850/2015 al secondo capoverso dell'art. 14comma 3 recita *"Nel secondo periodo di formazione e di prova è obbligatoriamente disposta una verifica, affidata ad un dirigente tecnico, per l'assunzione di ogni utile elemento di valutazione dell'idoneità del docente. La relazione rilasciata dal dirigente tecnico è parte integrante della documentazione che sarà esaminata in seconda istanza dal Comitato al termine del secondo periodo di prova"*.

Da tale disposizione si evince con chiarezza che la relazione del dirigente tecnico integra tutta la documentazione che l'Istituto scolastico e il docente stesso sono tenuti a produrre nel corso del secondo periodo di prova.

Tale documentazione - acquisita, si ribadisce, nel corso del secondo anno di prova -costituisce infatti un elemento prezioso per il Dirigente tecnico incaricato, in aggiunta alle verifiche dirette che lo stesso effettuerà all'interno dell'istituto scolastico.

In tale quadro normativo in qualità di Dirigente Tecnico dell'USR Calabria ho avuto modo di svolgere attività ispettive nei confronti di docenti che avevano ricevuto valutazioni negative nell'a.s. precedente dal Comitato di Valutazione, dovendo quindi ripetere l'anno di prova.

Tale attività ha significato calendarizzare una serie di viste nella scuola per l'osservazione del/della docente, che si sono articolate in un primo colloquio personale , in cui si chiedeva la propria versione sull'esperienza didattica dell'anno precedente. Durante tale fase, spesso, si registrava uno smarrimento ed imbarazzo di fronte alla verifica ispettiva. Seguiva l'osservazione in classe ,durante la lezione, per testare i requisiti professionali del docente. Tale fase spesso coincide con l' articolazione di un'Unità di Apprendimento, che veniva seguita nella varie fasi, per testarne la ricaduta didattica nell'apprendimento

Ovviamente, la verifica che il Dirigente Tecnico deve effettuare, mira ad individuare il profilo professionale dell'insegnante, le sue competenze e capacità. Nella scuola dei nostri tempi tale profilo si configura come l'insieme integrato e armonico delle seguenti competenze:

1. culturale e disciplinare, basata sulla conoscenza e padronanza della struttura epistemologica della disciplina di insegnamento, del contenuto delle indicazioni nazionali e degli sviluppi della ricerca;

2. psico-pedagogica, fondata sulla conoscenza e padronanza dei principi e degli strumenti che orientano i curricoli disciplinari verso lo sviluppo e la valorizzazione delle potenzialità cognitive e delle disposizioni affettive dei ragazzi per la formazione di cittadini responsabili capaci di orientarsi nella complessità economica, sociale, culturale del nostro tempo;

3. metodologico/didattica, legata alla padronanza di repertori di strategie diversificate e alla capacità di utilizzarle con successo in riferimento a specifici e altrettanto diversificati contesti;

4. organizzativa, incentrata sulla capacità di gestire risorse per raggiungere obiettivi e di progettare in team con uno sguardo attento all'evoluzione delle politiche scolastiche e formative, sia in ambito nazionale che europeo;

5. relazionale, fondata sulla capacità di porsi in ascolto degli altri riconoscendone bisogni, di saper dialogare instaurando un

clima positivo ed esigente nella promozione di apprendimenti, di saper collaborare con i colleghi e aprirsi al mondo esterno alla scuola

6. riflessiva, intesa come capacità di autocritica e di autovalutazione.

È la combinazione di tutte queste competenze che definisce un profilo professionale all'altezza della sfida educativa che la società civile e il sistema di istruzione nel suo complesso devono saper sostenere e che un Dirigente Tecnico deve verificare nella sua attività ai sensi del comma 3 art. 18 DM850/2015..

Progetto ESABAC:

percorsi di studio internazionalizzati

Maria MARINO
Docente Referente Regionale Progetto ESABAC
<u>*USR per la CALABRIA*</u>

Dal 1949 esistono una serie di accordi internazionali tra Italia e Francia, da quando, cioè, i Ministri degli Esteri Italiano, Onorevole Carlo Sforza, e quello Francese, Signor Robert Shuman, il 4 novembre 1949 a Parigi, concordarono di " *diffondere la mutua conoscenza delle civiltà dei due Paesi e di sviluppare le relazioni nel campo delle lettere, delle scienze e delle arti*", consapevoli dei principi sui quali si fonda la vita intellettuale dei due paesi e nel fine ultimo di *rendere ancora più strette le relazioni letterarie, artistiche, scientifiche, accademiche che da tanti secoli esistono fra i due popoli.*

In riferimento all'art. 6, comma 2, di quell'accordo del '49 tra le Alte Parti Contraenti, il 17 luglio 2007 i rispettivi Ministri dell'Istruzione dei due Paesi, Darcos e Fioroni, firmavano a Roma, un Protocollo di Cooperazione per rilanciare e diffondere le lingue europee e *"sviluppare la dimensione europea dell'educazione"* attraverso alcune azioni particolari di cooperazione, tra le quali: la cooperazione e lo scambio nel campo pedagogico e della didattica dell'insegnamento della lingua dei due Paesi, il proseguimento e lo sviluppo della cooperazione in materia di istruzione, il dialogo e lo scambio di esperienze tra le istituzioni scolastiche che, nei rispettivi Paesi, operano in modo istituzionale nel settore della ricerca didattica e pedagogica nel quadro del programma comunitario "Istruzione e formazione lungo tutto l'arco della vita" (LIFELONG LEARNING PROGRAMME).

Da tali accordi nacque il percorso di studi ESABAC prima, ed ESABAC TECHNO dopo, un percorso di studi articolato con l'Accordo tra i due Ministeri sottoscritto il 24 febbraio 2009, con il quale la Francia e l'Italia promuovono oggi, nel loro sistema scolastico, un percorso bilingue triennale del secondo ciclo di istruzione che permette di conseguire simultaneamente il diploma di Esame di Stato e il Baccalauréat (Diploma equivalente francese). Il curricolo italiano nelle sezioni ESABAC prevede, nell'arco di un triennio, lo studio della Lingua e della letteratura francese, per quattro ore settimanali, e della Storia veicolata in lingua francese per due ore a settimana. In Francia, viceversa, il curricolo prevede un insegnamento in italiano di Lingua e Letteratura italiana e di Storia veicolata in italiano.

Il percorso ESABAC offre agli studenti degli ultimi tre anni di scuola secondaria una formazione integrata, con un'attenzione specifica allo sviluppo delle competenze storico-letterarie e interculturali, acquisite in una prospettiva europea e internazionale; al termine del percorso, gli studenti raggiungono un livello di competenza linguistica pari al livello B2. È possibile conseguire questo particolare titolo di studio esclusivamente nelle scuole autorizzate dal MIUR ad attivare l'indirizzo di studi ESABAC. Le sezioni ESABAC sono presenti attualmente in 337 scuole distribuite sull'intero territorio na nazionale; esistono due tipologie di diploma ESABAC: l'ESABAC generale, nei licei classici, linguistici, scientifici e delle scienze umane e l'ESABAC Tecnologico (ESABAC TECHNO) negli istituti tecnici del settore economico - indirizzi di "amministrazione, finanza e marketing" e "turismo".

Su tale Progetto di internazionalizzazione della scuola calabrese, anche l'USR per la Calabria ha investito risorse ed energie, per offrire agli studenti delle scuole coinvolte un livello di alta qualità formativa, quanto più ricco possibile di quell'aspetto internazionale linguistico e tecnico fatto di competenze immediatamente spendibili, anche nel mondo del lavoro.

Con la collaborazione dell' l'Institut français dell'Ambasciata di Francia in Italia, nel quadro del partenariato bilaterale italo-francese con la D.G. per gli ordinamenti scolastici e la valutazione del sistema nazionale di istruzione, diversi sono stati i seminari di formazione rivolti ai docenti esperti di Lingua e cultura francese e di Storia, sia a Roma organizzati dal MIUR, che nei territori regionali, organizzati in collaborazione con gli UU.SS.RR. e spesso con le Università.

Le iniziative centrali mirano a sviluppare nei docenti partecipanti, le competenze più adeguate al ruolo di "formatore" nella conduzione di interventi formativi rivolti ai docenti in servizio presso gli indirizzi di studio per il rilascio del doppio diploma italo-francese, nell'ottica di rafforzare la rete nazionale di formatori; la rete che si utilizza per l'accompagnamento tra pari, nei processi di sviluppo professionale riferiti al contesto scolastico ESABAC; docenti quindi intesi quali disseminatori di buone pratiche nei territori e stimolatori di confronti di esperienze e arricchimento professionale reciproco.

Nella prospettiva più ampia di migliorare la collaborazione tra gli Uffici centrali e periferici del MIUR, impegnati nell'attuazione e miglioramento del dispositivo delle sezioni ESABAC, i referenti USR hanno beneficiato di uno specifico intervento informativo/formativo a Roma, dal 17 al 19 maggio 2017, incentrato sul ruolo e sui compiti che il referente regionale è chiamato a svolgere ai fini di un efficace supporto alle scuole ESABAC sul proprio territorio di competenza.

Sul territorio calabrese, tra le altre iniziative di formazione ed aggiornamento rivolta ai docenti, l'USR per la Calabria in collaborazione, , con la scuola polo per la formazione, con l'Institut français dell'Ambasciata di Francia in Italia (per Calabria e Sicilia) e l'Alliance Française per l'Italia (Catanzaro e Reggio Calabria) ha organizzato con nota Prot. n. 27279 dell'11-12-2018, un seminario formativo di particolare valenza professionale, sia per la qualità degli interventi, sia per i laboratori realizzati (Littérature Histoire Techno), sia per gli argomenti trattati in una tavola rotonda nella quale scambi di esperienze e nuove proposte didattiche e metodologiche, hanno avuto grande spazio, grazie anche ad un'operazione di monitoraggio/intervista effettuata online preventivamente e analizzando i risultati in presenza; sono stati inoltre realizzati "Atelier" per la costruzione di griglie e dispositivi di Littérature, Histoire e Techno, prove e percorsi di studio ESABAC ed ESABAC Techno e valutazione degli apprendimenti in funzione dei prossimi Esami di Stato.

Il seminario ha inoltre offerto l'occasione di presentare ai partecipanti il Protocollo d'Intesa che l'USR per la Calabria ha sottoscritto con l'Academie de Besançon (Region Académique Bourgogne Franche-Comté) per *"la promozione di azioni di cooperazione educativa destinate ad incoraggiare la scoperta e l'apprendimento della lingua e della cultura dei due paesi, negli istituti scolastici delle due regioni"* quale forma di *"cooperazione decentrata...per favorire lo sviluppo di programmi di cooperazione educativa tra le due parti....in ambito educativo, linguistico, artistico e culturale, in tutte le istituzioni di ordine e grado."..."attraverso un piano d'azione annuale.."*.

Particolare rilievo, anche mediatico, ha avuto, inoltre, la visita presso l'USR per la Calabria e all'Ambito Territoriale di Catanzaro, effettuata l'1 marzo 2018, da una delegazione di accademici francesi provenienti dall'Accademia di Créteil di Parigi; la visita sottendeva le finalità di approfondire la conoscenza del sistema educativo italiano e le problematiche riscontrate, di paragonare i nostri ambienti scolastici con quelli francesi, di sviluppare nuove competenze professionali attraverso il monitoraggio delle nostre pratiche, di riflettere insieme sulla possibilità di mettere in comune la perizia, per adattare al contesto francese le buone pratiche su diversi livelli (scuola, provincia, accademia) e di sensibilizzare al beneficio realizzato dalle mobilità europee. La delegazione era accompagnata da Madame Valérie Le Galcher Baron, delegata per la Sicilia e la Calabria dall'Ambasciata Francese in Italia presso l'Istituto Francese di Palermo; accolta in Ufficio, dalla Dott.ssa Angela Riggio, Dirigente dell'USR Calabria, dallo staff ESABAC dell'USR, dal Dott. Domenico Romeo presso l'AT di Catanzaro, e dalla Prof.ssa Fernanda Tassoni, dell 'Alliance Française per l'Italia di Catanzaro; la visita si è completata presso l'IIS "E. Fermi" di Catanzaro, dove la delegazione è stata accolta dal Dirigente Scolastico Teresa Agosto e dal corpo docente della scuola, da sempre proiettato verso forme di gemellaggi e scambi culturali con i diversi Paesi dell'UE e non solo.

Il mondo che cambia e si evolve richiede alla scuola sacche sempre più ampie di sapere e sempre più internazionalizzate: la formazione e l'aggiornamento, i gemellaggi, il confronto e gli scambi tra le diverse realtà, diventano strumenti necessari per offrire alle giovani generazioni un bagaglio culturale immediatamente spendibile in ogni campo della loro vita, anche oltre l'esperienza scolastica e nel mondo del lavoro; la crescita e l'aggiornamento professionale, anche internazionalizzato, nella scuola diventa, oggi più che mai, l'elemento di svolta per un'offerta formativa di qualità.

ESABAC
ESAME DI STATO **BAC**CALAURÉAT
UN SOLO ESAME, DUE DIPLOMI

IL FRANCESE
UNA LINGUA VICINA PER ARRIVARE LONTANO

Educazione scolastica infantile

Angelina Lieto

Ass. Amm.vo USR Calabria-Ufficio II

Si può attribuire il ruolo di pioniere dell'educazione scolastica infantile   al pedagogista Ferrante Aporti n.to nel 1791 a S. Marino Dell'Argine Mantova, impegnato nella lotta contro l'ignoranza, come lui diceva è l'origine dei mali dell'uomo. Oltre ad accogliere e custodire i bambini offriva loro sussistenza, occasioni di socializzare e   formazione adeguata alla loro età.

Così nasce l'idea dell'asilo infantile. Tra l'ottocento e il novecento al congresso pedagogico nazionale di Torino le sorelle Agazzi lanciano il loro metodo futuristico consacrando l'asilo di Mompiano come asilo moderno,

che ricevette il nome di " SCUOLA MATERNA"

Poi nasce il metodo Montessori che adegua l'azione educativa alla fase evolutiva del bambino, rispettando il gioco e la sua spontaneità costruendo una scuola a misura del bambino.

La legge 444 del 18/03/1968 "Ordinamento scuola materna statale" tra i le finalità

fondamentali della scuola dell' infanzia per quanto riguardano le competenze dei bambini esse si strutturano principalmente in quattro punti fondamentali:

- identità, (costruzione di se);

- autonomia, (il rapporto con gli altri);

- competenza,(le conoscenze, le abilità, gli atteggiamenti, la riflessione);

- cittadinanza,(dimensione etico-sociale); quadro di riferimento internazionale per una cittadinanza attiva e sostenibile, (Europa e oltre).

"........ha messo le mani sulla terra, l'ha osservata e si è fatto un'idea di essa, ha annusato i fiori, li ha sfiorati e strappati e ha espresso curiosità ottenendo informazioni; ha ascoltato le storie lette e ha scoperto il piacere della narrazione e il valore dei segni grafici; giocando ha condiviso, si è strattonato con gli altri, ha imparato a negoziare, e ha fatto sue le dinamiche sociali; ha provato paura, rabbia, gioia; ha conosciuto le emozioni dentro di lui e ne ha fatto pennarelli per colorare le sue esperienze, si è visto perduto, abbandonato ed ha sperimentato la rassicurazione per ritrovarsi protagonista de legami affettivi importanti"

[Paola Vassuri]

Tornando ai giorni nostri lo Stato riempie quel vuoto socio- educativo dei bambini dai 24 ai 36 mesi attivando le Sezioni Primavera: (art.1 comma 630 della legge 296/2006) in sede di conferenza unificata del 14 giugno 2007 sulla base dell'Accordo tra MIUR, il Ministero delle Politiche per la Famiglia, il Ministro della Solidarietà sociale, le Regioni, le Provincie, i Comuni, le Comunità montane.

Così il Ministro Fioroni, ha voluto garantire in via sperimentale una rete estesa di servizi socio-educativi innovativi ed integrativi , offrire ai bambini al disotto dei tre anni di età un qualificato momento di preparazione e introduzione alla scuola dell'infanzia e garantisce la continuità con le tre annualità successive mediante un adeguato raccordo pedagogico, oltre a costituire una risposta ad una diffusa esigenza sociale.

Questo progetto a la funzione di svolgere un anno-ponte tra l'asilo nido e la scuola d'infanzia, il bambino con le sezioni primavera affronta un cambiamento di grande portata: dal contesto famigliare ,per lui conosciuto, abituale e rassicurante, impara senza timore il nuovo e diverso ambiente. Un simile processo coinvolge adulti che vivono l'esperienza insieme al bambino, i genitori da una parte e le educatrici dall'altra.

La delicatezza di questo passaggio richiede la partecipazione consapevole, attiva e sinergica degli adulti, all'interno di un sistema organizzato di spazi, tempi e situazioni, ma anche e soprattutto occuparsi del contesto comunicativo, relazionale e cognitivo che si viene a creare.

Tanto premesso, questo Ufficio ha organizzato per l'anno scolastico 2017/18 un percorso formativo mirato ai docenti dell'infanzia, svoltosi in 4 province di verse ed in altrettante scuole dell'infanzia, nel quadro del sistema integrato 0-6, portando a conoscenza dei destinatari l'attività educativa della scuola dell'infanzia di REGGIO EMILIA, modello mondiale.

La docente Cagliari della società Reggio Children di Reggio Emilia ha descritto e ha fornito materiale didattico e risposto ai quesiti e alle perplessità dei partecipanti.

Il questionario di gradimento è stato molto favorevole, in quanto l'esperienza rodata ha fornito un supporto pedagogico e ha rassicurato le docenti dell'infanzia calabrese nelle difficoltà didattiche quotidiane.

La docente ha chiarito alle centinaia di docenti della scuola dell'infanzia che sono intervenute negli incontri che la società Reggio Children gestisce anche la fondazione del Centro Internazionale Loris Malaguzzi per una cultura nuova dell'infanzia e rispettosa dell'educazione, formazione, scambio, confronto, approfondimento e ricerca su un piano internazionale degli esseri umani dei bambini. Si rammenta l'opera di Loris Malaguzzi, pedagogista non accademico ha contribuito a costruire la cultura dei diritti dei bambini, ad avere un luogo non solo di cura e tutela, ma riconosciuti come soggetti di diritti e, pertanto, avere diritto all'educazione come cittadini, e non solo come figli.

L'educazione è un diritto di tutti, bambini e bambine è una responsabilità della comunità ed è una opportunità di crescita, emancipazione della persona e della collettività per il sapere e per il convivere, è un terreno di incontro dove tale modello di scuola per l'infanzia ha coinvolto negli ultimi anni il Comune di Reggio Emilia a trasferire una somma pari al 15% dell'intero bilancio comunale per l'istruzione e per tutti i servizi educativi rivolti ai bambini da 0 a 6 anni, investendo in educazione.

Organizzazione e avvio dei corsi linguistici e metodologico-didattici CLIL di cui all'art. 36 del DM 851/2017, riservati a docenti di scuola secondaria di II grado.

Giovanna Olivadese Funzionario Amm.vo USR Calabria Ufficio II

e Daniela Colosimo Ass. Amm.vo USR Calabria Ufficio II

Con riferimento all'art. 36 del D.M. finalizzato al miglioramento delle competenze del personale docente coinvolto nell'insegnamento di discipline non linguistiche in lingua straniera con metodologia CLIL, e alla nota MIUR prot. n. 49851 del 21/11/2017, si è proceduti ad avviare i corsi sottoindicati:

3 corsi linguistici:

- "corsi standard" della durata complessiva di 130 ore, articolati con attività sia in presenza sia on – line in modo da garantire almeno 60 ore in presenza. La durata del corso non deve superare gli otto mesi.

3 corsi metodologico - didattici:

- "Corsi di perfezionamento di 20 crediti" realizzati esclusivamente presso strutture universitarie (cfr. Decreto Direttoriale del Personale Scolastico n. 6 del 16 aprile 2012).

I corsi linguistici sono stati creati da gruppi non inferiori a 20 docenti e non superiori a 30.

Invece il numero dei docenti partecipanti ai corsi metodologico – didattici è stato da un minimo di 25 ad un massimo di 35 unità.

La istituzione scolastica beneficiaria del finanziamento assegnato alla regione Calabria, pari ad € **63.216,00**, secondo le quote indicate nella tabella A allegata al D.M. n. 851/2017 è stata individuata, a seguito di Avviso Pubblico prot. n. AOODRCAL 17730 del 23/11/2017 riservato alle Scuole Polo per la formazione della Regione da questo Ufficio nell'Istituto Tecnico Tecnologico "Malafarina" Soverato CZTL06000D.

Con bando prot. n. 18426 del 04/12/2017 l'ufficio scrivente ha proceduto al reclutamento del personale docente interessato ai corsi linguistici e metodologici – didattici CLIL di cui all'art. 36 del DM 851/2017, e con gli Avvisi Pubblici prot. n. 18510 del 05/12/2017 e prot. n. 18509 del 05/12/2017 le Strutture universitarie della Regione Calabria, enti accreditati, associazioni professionali e istituzioni scolastiche sono state invitati a presentare domanda per la realizzazione di n. 3 corsi per lo sviluppo di competenze metodologiche – didattiche CLIL e di n. 3 corsi linguistici.

Viste le risultanze della riunione dell'8 febbraio 2018 della Commissione costituita con DDG. prot. n. 1820 del 26/01/2018 e tenuto conte delle richieste pervenute nei termini previsti dai bandi sopracitati si sono selezionate le strutture di seguito indicate per l'organizzazione dei corsi CLIL:

CORSI METODOLOGICI – DIDATTICI

- Università della Calabria di Cosenza;
- Università della Calabria di Cosenza presso la sede dell'IIS "Fermi" di Catanzaro;
- Università della Calabria di Cosenza presso la sede del Liceo Scientifico "Volta" di Reggio Calabria.

.

CORSI LINGUISTICI

- Società Cooperativa "Five- Cambridge" di Lamezia Terme presso la sede dell'ITT "Malafarina" di Soverato;
- IIS "LS-ITCG" di Castrolibero;
- IIS "F. Severi/Guerrisi" Gioia Tauro/Palmi.

Le scuole finanziate hanno presentato progetti finalizzati per arricchire gli ambienti di apprendimento e rendere coerenti le pratiche valutative e certificative, utilizzando lo strumento indispensabile della formazione in servizio dei docenti.

Pervenire agli obiettivi sopra elencati ha comportato per le scuole un impegno fatto di azioni di informazione/formazione, di assetti disciplinari e di scelte metodologiche. Ha significato, anche, una fase di formazione e di ricerca in forma di laboratorio, incentivando la partecipazione e pianificando il calendario delle specifiche attività.

I dirigenti scolastici delle scuole individuate sede di corso si sono occupati delle azioni di coordinamento delle attività didattiche.

Durante le attività didattiche curriculari nelle classi coinvolte sono state fatte foto e video che hanno documentato le varie fasi di realizzazione.

Tutto ciò è stato possibile grazie ad una concreta e assidua collaborazione tra le scuole coinvolte.

I corsi CLIL di lingua inglese sono stati rivolti a docenti di materie non linguistiche impegnati da una parte in un potenziale percorso didattico CLIL nelle proprie classi e dall'altra in iter di potenziamento delle proprie competenze linguistiche.

I docenti in entrata dovevano possedere dei pre-requisiti di competenza linguistica attestati o certificati, e comunque, ciascuna scuola ha provveduto a preparare dei test in entrata per accertare le competenze di ciascuno.

L' esperienza è risultata positiva in termini di approfondimento di conoscenze, competenze e abilità inerente alla lingua inglese nonché di affinamento di metodi didattici innovativi, accattivanti e produttivi che produrranno una ricaduta sul lavoro d'aula. I docenti frequentanti, la loro determinazione, la motivazione, l'interesse, la tenacia, pur nella difficoltà degli impegni lavorativi, hanno permesso di raggiungere i traguardi programmati.

L'ufficio II della Direzione Generale ha monitorato costantemente la buona riuscita dei corsi.

La formazione docente volano della crescita

Patrizia Rizzo

docente di Lingua Inglese, utilizzata presso USR Calabria -
Progetti Nazionali ai sensi L.107/15 art. 1, c. 65
Componente Staff Regionale Formazione Docenti

Il sintagma "formazione docente" è stato a lungo interpretato, dalla "cultura scolastica", come sinonimo di aggiornamento, allocato nel diritto-dovere contrattuale e lasciato alla libera iniziativa, alla volontà e alla disponibilità individuale. Aggiornamento e formazione appartengono, però, a due universi semantici differenziati; l'aggiornamento richiama l'idea di addestramento, rivolto ad obiettivi specifici relativi ad un ruolo o a una funzione in ambito lavorativo, cioè definibile come un training finalizzato a migliorare una specifica performance; la formazione è finalizzata a più vasti obiettivi, la sua mission è education che si estrinseca in un vasto insieme di attività che implicano lo sviluppo delle risorse umane destinate a migliorare la competenza globale. Il nucleo portante del processo formativo delineato nelle Linee guida del Piano Nazionale Formazione Docenti, e specificato nei piani di ambito della regione Calabria, non è l'informazione tout court, ma è la persona o meglio, in tema di organizzazioni scolastiche, l'organizzazione stessa e, in essa, gli attori che la costituiscono e la mantengono in vita. La formazione è legata a un'organizzazione viva in cui gli attori reinterpretano collettivamente il loro mondo, ridefiniscono attività introducendo nuove forme di mediazione.

Le unità formative, che hanno previsto in tutti gli ambiti alcune ore (generalmente nove) di incontri in presenza con i formatori, altre di esercitazione, tutoring, pratica didattica, lavoro di gruppo su compito, peer teaching, produzione di ipotesi didattiche, sperimentazione, ricerca/azione, cosi come momenti di attività di studio personale, documentazione e apprendimento cooperativo on line, hanno segnato il cammino per guidare le istituzioni scolastiche a diventare vere comunità di apprendimento. L'organizzazione che apprende e che fa dell'apprendimento pratica costante non si confronta solo con situazioni problematiche, ma trasforma l'apprendimento stesso in cultura organizzativa e l'esperienza formativa diventa l'esperienza di una comunità pratica di apprendimento. L'insegnante che sperimenta e che fa pratica costante è un insegnante che cresce professionalmente, che percorre nuove strade per migliorare il rendimento degli allievi, e che, documentando gli esiti della sua ricerca e formazione, favorisce lui stesso la formazione dei suoi colleghi, contribuendo alla crescita dell'intera comunità scolastica. Ed è con questa vision che le scuole polo di ambito della regione Calabria hanno programmato e realizzato la formazione docenti con il coordinamento di uno Staff regionale per la formazione e, nella maggior parte, di un Referente per la formazione per ciascun ambito. La direzione stavolta è quella giusta. L'auspicio è che il Piano Nazionale Formazione Docenti possa diventare *"permanente e strutturale"* affinché le organizzazioni scolastiche possano veramente diventare proprie learning organization.

Formazione d'ambito docenti a.s.2017/18- Competenze nella scuola dell'infanzia

Antonino De Giorgio

Docente di Filosofia Liceo Scienze Umane "G.Mazzini " Locri (RC) –componente Staff Regionale PNFD

Nelle attività di formazione d'ambito per l'anno scolastico 2017/18 è stato inserito un percorso di formazione dedicato alla Scuola dell'Infanzia, giusto riconoscimento ai 50 anni della Legge 444/68. Ho avuto il piacere di condividere le attività dei docenti in tre snodi formativi: ITAS Chimirri Catanzaro, I.C. Casalinuovo Catanzaro Lido e IIT Malafarina di Soverato, quest'ultima scuola polo per la formazione. I docenti provenivano dalle scuole dell'Infanzia dell'Ambito Catanzaro 1.

Nel dettaglio due sono state le tematiche formative affrontate con i docenti: "Bisogni educativi e sviluppo delle competenze nella scuola dell'infanzia" e "Promuovere e potenziare nei docenti competenze culturali, disciplinari, didattiche e metodologiche finalizzate all'efficacia dell'insegnamento". Le tematiche hanno avuto come svolgimento 3 lezioni frontali tenute dallo scrivente e 3 lavori di gruppo curate dai tutor d'aula. Anche nelle lezioni frontali la parte del confronto e del dialogo è stata fondamentale.

In merito all'unità formativa "Bisogni educativi e sviluppo delle competenze nella scuola dell'infanzia" il progetto si proponeva di sviluppare nei docenti la capacità di leggere i bisogni educativi dei bambini, sviluppare la connessione fra bisogni educativi e competenze da acquisire. I bisogni educativi sono stati rivisitati nell'ottica dei campi di esperienza e delle competenze possibili. La raccolta e la contaminazione delle esperienze dei docenti sono state il prezioso contributo personale che ogni partecipante ha offerto al gruppo.

Invece per l'unità formativa "Promuovere e potenziare nei docenti competenze culturali, disciplinari, didattiche e metodologiche finalizzate all'efficacia dell'insegnamento" ci si proponeva di fornire ai docenti conoscenze di base, strumenti e strategie didattiche utili per creare situazioni di apprendimento consone ai principi teorici e metodologici proposti dalle "Indicazioni Nazionali per il Curricolo del 2012". La lettura delle situazione in campo ha permesso di contribuire al raggiungimento di traguardi interdisciplinari da parte degli alunni fondati sullo star bene a scuola, con compagni e docenti e con se stessi.

I contenuti affrontati durante gli incontri in presenza hanno avuto lo scopo di promuovere e potenziare nei docenti competenze culturali, disciplinari, didattiche e metodologiche, finalizzate all'efficacia dell'insegnamento, all'apprendimento significativo, al raggiungimento dei traguardi previsti dalle "Indicazioni". Ma nel Nostro lavoro abbiamo contribuito a formulare interventi educativi coerenti, fattibili e verificabili in risposta ai diversificati bisogni educativi emergenti, anche nell'ottica dei bisogni individuali e sociali dell'alunno.

Le tematiche trattate nei laboratori sono state: Dalla legge 444 del 1968 alla legge 107 del 2015, il percorso della scuola dell'infanzia nell'ottica dell'acquisizione di strategie metodologiche e didattiche; Il gioco con i suoi significati simbolici e cognitivi; Dall'ascolto attivo al gioco di ruolo, in ambiente interdisciplinare; La scoperta del segno grafico e del disegno per raccontare e raccontarsi; La conoscenza del mondo e la sua rappresentazione; I campi di esperienza come proposta del curricolo verticale.

Nelle attività abbiamo sempre tenuto presente il format dei laboratori ed i suoi obiettivi generali. Ho cercato di fornire ai docenti conoscenze di base, strumenti e strategie didattiche utili per creare situazioni di apprendimento consone ai principi teorici e metodologici proposti dalle "Indicazioni nazionali per il curricolo del 2012". Le attività volevano anche portare i docenti a contribuire al raggiungimento di traguardi interdisciplinari.

Quali obiettivi specifici abbiamo posto la Nostra attenzione sull'acquisizione di conoscenze di base riguardanti l'apprendimento nei diversi campi di esperienza, sperimentando anche nuovi strumenti e metodologie didattiche. Si è anche progettato attività che poi i docenti hanno condotto nelle loro sezioni dove è stato promosso un obiettivo di apprendimento declinato nei diversi campi di esperienza.

La predisposizione delle unità didattiche riferire al laboratorio agito, da un lato ha dato ai docenti la possibilità di interagire e lavorare sulla piattaforma sperimentando modalità on-line non per tutti consuete, dall'altro ha permesso di verificare la veritiera ricaduta sul campo di affermazioni che mai hanno voluto essere solo un puro esercizio di stile, ma una proposta operativa da attuare.

Le risposte date dai partecipanti sono state positive, segno dell'esigenza di una formazione specifica per ordine di scuola. La tematica riferita al curricolo verticale, ampiamente trattata ha dato poi il segno di quella continuità non di facciata, ma operativamente realizzabile.

Per quanto riguarda lo specifico del curricolo verticale, insistente su due ordini di scuola, credo valga la pena di fare qualche riflessione. Intanto abbiamo chiarito il concetto di costruzione del curricolo in ambiente interdisciplinare, punto di partenza per il raccordo con altro ordine di scuola. La riflessione sulla progettazione curricolare è stata elaborata tenendo conto del fatto che è il curricolo stesso il percorso attivato dalla scuola, attraverso le azioni che essa dispone nel tempo e nello spazio.

La progettazione di percorsi didattici caratterizzati da gradualità, progressività e unitarietà è stata fatta presidiando in particolare i punti di snodo e i passaggi da un campo di esperienza all'altro. Condividere le conoscenze per imparare a scambiare esperienze, a dialogare, a "negoziare" i diversi punti di vista è stato il filo conduttore delle proposte.

Nel corso degli incontri abbiamo discusso su come il gruppo di pari possa diventare una risorsa per l'apprendimento, passando dalla didattica trasmissiva alla classe-laboratorio, dove l'insegnante assumendo la regia educativa diventa facilitatore di apprendimenti.

In conclusione possiamo affermare che i campi di esperienza devono intendersi come "luoghi dell'agire e del fare dei bambini, connotati dai segni della cultura in grado di offrire strutture alla mente del bambino. Non ci sono contenuti da insegnare, c'è da saper osservare, guidare e accompagnare i bambini mentre giocano, toccano, parlano, esplorano l'ambiente". Il senso delle Nostre attività di formazione si può racchiudere in queste frasi tratte dal convegno di Bologna su "Infanzia e oltre" del 2015.

A corollari delle attività, ai corsisti sono stati forniti materiali tecnico-didattici riferiti al tema specifico della formazione.

Tutti i docenti hanno dimostrato grande interesse e partecipazione, plaudendo alla specifica attività formativa riservata alla scuola dell'infanzia. Avendo assegnato al termine di ogni incontro in presenza un compito da svolgere in piattaforma, mi preme segnalare la competenza del Prof. Raffaele Micelotta, responsabile informatico della scuola polo ITT "Malafarina" di Soverato per aver reso duttile e facile a noi tutti l'accesso alla classroom.

Le attività teorico-pratiche, con l'evidente ricaduta sulla gestione della sezione, hanno avviato proficui momenti di scambio, condivisione e discussione che sarebbe opportuno non disperdere negli anni a seguire. Le U.D.A. messe in atto dalle colleghe potranno essere un valido strumento da condividere con tutti i docenti dell'infanzia dell'Ambito CAL001. Lo stesso dicasi dei materiali forniti e messi in piattaforma.

La disponibilità all'ascolto ed al dialogo da parte di tutti i corsisti ha facilitato la mia relazione, permettendomi di avere un ritorno formativo elevato.

57

Formazione docenti 2017-18- Ambito 01 Cal.

Domenico Agazio Servello
Dirigente Scolastico ITT G Malafarina Soverato – Scuola polo formazione Ambito 1 Cal.

Il Piano Formativo per i docenti dell'ambito CAL001, sulle base delle indicazioni del MIUR, della Task-force Regionale e delle risorse finanziarie assegnate per l'a.s. 2017/2018, definito in sede di conferenza dei dirigenti scolastici e coordinato dalla scuola polo, è stato messo a punto da un gruppo di progetto di otto dirigenti e un docente referente per la formazione (Cabina di regia).

L'erogazione dei corsi, il monitoraggio e la rendicontazione è stata gestita e coordinata dalla scuola polo. Inoltre, ha curato le attività rivolte ai docenti neo assunti, organizzando gli incontri ed i laboratori secondo quanto previsto nelle indicazioni fornite dall'USR con le note MIUR.AOODRCAL. REGISTRO_UFFICIALE(U). 0012015.08-08-2017 e AOODRCAL 015203 del 06/10/2017.

Premessa

Le principali finalità del presente piano sono state rivolte a:

- rispondere ai bisogni formativi dei docenti del territorio tendendo conto dell'indagine svolta sulla rilevazione degli stessi;
- intercettare i bisogni dei docenti con i piani di formazione delle scuole aderenti alla rete e delle indicazioni prioritarie richiamate nei documenti ministeriali;
- acquisire informazioni utili e buone pratiche dalle scuole della rete al fine di sviluppare una progettazione per fasi nell'arco temporale triennale previsto;
- utilizzare al meglio, e nei tempi consentiti, le risorse finanziarie assegnate;
- individuare attraverso una serie di azioni (monitoraggio, relazioni, osservazioni degli interlocutori coinvolti) elementi di riflessione su punti di forza di debolezza utili e necessari per lo sviluppo del piano triennale.

Infine, tratto comune del presente piano, seppur nella sua fase iniziale, è la necessità di cooperare allo sviluppo di un sistema in rete di condivisione di buone pratiche, di strategie e opportunità affinché la formazione, nelle sue possibili e diverse articolazioni (da quella più strutturata alle comunità di pratica o alla ricerca-azione), diventi davvero strutturale e permanente.

Nel rispetto di quanto contenuto nella nota USR Calabria prot. AOODRCAL 52 del 03.01.2018, si è voluto indirizzare il piano formativo di ambito le tematiche che il MIUR reputa che in ogni ambito territoriale in questo anno scolastico debbano essere assicurate, in ossequio alle priorità nazionali -già trattate nello scorso anno scolastico- ma alla luce delle novità normative ministeriali, vengono individuate:

- il tema delle competenze e delle connesse didattiche innovative, anche sulla base degli orientamenti operativi e progettuali che saranno forniti dal comitato scientifico nazionale operante, per il primo ciclo (D.M. n. 537 del 1/08/2017);
- il tema della valutazione degli apprendimenti, in fase di revisione normativa a seguito del D. lgs 62/2017 e dei D.M. n. 741 e n. 742 del 2017, con particolare riferimento ai temi della valutazione formativa, del nuovo ruolo delle prove Invalsi, della certificazione delle competenze e dei nuovi esami di stato, anche sulla base degli orientamenti forniti dal MIUR;
- l'insuccesso scolastico e il contrasto alla dispersione, anche in connessione con le iniziative promosse dall'apposito Osservatorio nazionale contro la dispersione e relative linee progettuali e finanziarie;
- due iniziative formative rivolte ai docenti di scuola dell'infanzia statale;
- una quota (15%) delle risorse disponibili a livello di ambito territoriale, in funzione dei bisogni territoriali, alle Lingue straniere".

Tant'è che il monitoraggio on line dei bisogni formativi, rivolto a tutti i docenti dell'Ambito 01 Calabria, è stato strutturato sulle queste tematichè, individuate e proposte dallo Staff Regionale.

Unità formative proposte per l'a.s. 2017/2018

Per garantire l'efficacia nei processi di crescita professionale e l'efficienza del servizio scolastico offerto, la Conferenza dei Dirigenti scolastici dell'Ambito 01 Calabria ha strutturato il Piano di Formazione dell'Ambito in *Unità Formative (UF) di 25 ore così definite:*

a) n. 9 ore in presenze con l'esperto formatore;
b) n. 9 ore di attività laboratoriali con i tutor d'aula;
c) n. 6 ore di elaborazione dei materiali on – line su piattaforma dedicata;
d) n. 1 ore di disseminazione all'interno degli OO.CC.

L'UF è stata declinata secondo modalità blended, secondo criteri di ricerca/azione, di produzione di ipotesi didattiche, della loro sperimentazione in classe.

La Conferenza d'Ambito ha, inoltre, stabilito che la misura minima di formazione (in termini di ore) che ciascun docente, a partire dal prossimo anno scolastico 2016/17, dovrà certificare a fine anno, deve essere di almeno 25 (venticinque) ore di formazione annuale, salvo diverse indicazioni che possono scaturire dai decreti attuativi del Piano Nazionale di Formazione per la realizzazione di attività formative, corrispondente ad 1 CFU.

Le UF sono state declinate tenendo in debita considerazione:
a) i Rapporti di Autovalutazione dell'Istituto e i Piani di Miglioramento dei 40 Istituti (PDM);
a) i bisogni formativi rilevati tra i docenti mediante un'indagine conoscitiva (somministrazione di uno specifico questionario);

a) la presenza di alunni diversamente abili, DSA e BES in molte classi dei 40 istituti;

Relativamente alla formazione dei docenti a tempo indeterminato, sono state svolte le seguenti attività:

- Gestione amministrativa-contabile;
- Creazione ed amministrazione sito www.ambito1cz.it;
- Predisposizione piattaforme per la formazione online (FAD) con Google Classroom e Moodle
- Coordinamento n.12 sedi formative
- Selezione e reclutamento n.19 Formatori, n.10 Tutor e n.4 Enti di formazione (Mondadori, De Agostini, Dirscuola, UNLAA CCEP)
- Realizzazione form per la rilevazione dei bisogni formativi, di reazione dei partecipanti e per la raccolta delle autocertificazioni delle attività di disseminazione.
- Inserimento delle UF attivate nella piattaforma S.O.F.I.A. e registrazione delle frequenze per il rilascio della prevista attestazione ai docenti corsisti.

I numeri della formazione rivolta al personale docente in servizio a tempo indeterminato, nell'a.s. 2017-18, sono stati i seguenti:

- n.16 Unità Formative da 25 ore ciascuna in modalità blended (n.9 ore Esperto, n.9 ore laboratori Tutor, n.6 ore online, n.1 ora disseminazione)
- n.4 Unità Formative attivate (UF18 Inglese A2 e UF19 Inglese B1) da 60 ore
- n.58 edizioni complessivamente svolte

- n.12 sedi formative coinvolte (3 Catanzaro Centro, 3 Catanzaro Lido, 1 Sellia Marina, 1 Cropani, 1 Botricello, 3 Soverato)
- n.19 Formatori, n.10 Tutor e n.4 Enti di formazione (Mondadori, De Agostini, Dirscuola, UNLAA CCEP);
- n.12 Direttori dei corsi;
- n.1706 docenti iscritti;
- frequenza regolare per circa il 78% dei docenti

Le UF attivate

UF01	Competenze digitali di base e nuovi ambienti per l'apprendimento
UF02	Competenze digitali di base e nuovi ambienti per l'apprendimento
UF03	Ambienti per la didattica digitale integrata e per la collaborazione
UF04	Didattica per competenze e innovazione metodologica
UF05	Progetti di formazione in rete (docenti CPIA)
UF08	Percorso su Competenze di cittadinanza e cittadinanza globale (I Ciclo)
UF10	La scuola inclusiva: ambienti, relazioni, flessibilità. Tecnologie digitali per l'inclusione
UF11	Prevenzione delle difficoltà di apprendimento, individuazione precoce dei DSA
UF12	Prevenzione del bullismo e del cyber bullismo
UF13	Gestione della classe e nuove problematiche relazionali
UF14	Coesione sociale e prevenzione del disagio giovanile
UF15	Bisogni educativi e sviluppo delle competenze nella scuola infanzia
UF16	Promuovere e potenziare nei docenti competenze culturali, disciplinari, didattiche e metodologiche,

	finalizzate all'efficacia dell'insegnamento nella scuola dell'infanzia
UF18	Corso pre – intermedio LINGUA INGLESE Livello QCEF A2
UF19	Corso intermedio LINGUA INGLESE Livello QCEF B1

Le attività formative hanno avuto inizio giorno 08/05/2018 e si sono concluse giorno 04/10/2018.

Obiettivi e finalità conseguiti

Le tematiche trattate e le attività relative hanno consentito ai docenti/corsisti di entrare in contatto con strumenti e metodi utili a rilevare i comportamenti problema, o che potrebbero diventare tali, all'interno di una classe e/o di una Istituzione scolastica.

Lo stimolo alla riflessione sull'agire docente ha permesso che emergessero tra i corsisti differenti punti di vista sul significato di educazione, formazione ed istruzione, ritenuti non tutti presenti nell'agire docente.

Spesso il confronto tra i corsisti, a difesa del proprio punto di vista, ha portato a chiarificazioni sui diversi comportamenti che i docenti assumono verso gli studenti, i quali non sempre sono agiti per promuovere la crescita dell'alunno, quanto piuttosto volti a conservare una routine educativa sedimentata e per tale ragione ritenuta valida.

I docenti/corsisti hanno acquisito consapevolezza della necessità di adottare uno sguardo globale, assumendo la totalità dello studente, acquisendo, anche, informazioni che non si limitino alla vita di classe, ma che considerino il tessuto emotivo, sociale, familiare e culturale dell'allievo.

Hanno i docenti tutti, manifestato una volontà di partecipazione e coinvolgimento emotivo durante tutto il percorso formativo, acquisendo capacità di osservazione e di descrizione dell'agire docente e degli interventi necessari per poter stabilire una relazione empatica con l'allievo.

I corsisti hanno maturato capacità di osservazione, descrizione delle situazioni scolastiche, capacità di ricorrere agli strumenti della metodologia Appreciative Inquiry, per valorizzare i punti di forza dello studente.

Gli obiettivi e le finalità che il Piano di formazione dell'Ambito 01 Calabria ha conseguito si possono così riassumere:

⇨ aver favorito l'acquisizione di conoscenze utili al miglioramento del rapporto educativo e alla facilitazione degli apprendimenti, oltre a riflettere sui vissuti e sulle pratiche didattiche, ivi comprese la programmazione e la valutazione.

⇨ rinforzato la motivazione personale e la coscienza/responsabilità professionale;

⇨ facilitato il miglioramento della comunicazione tra i docenti, aumentando contestualmente conoscenza e stima reciproca;

⇨ fornito occasioni di approfondimento e aggiornamento dei contenuti delle discipline in vista della loro utilizzazione didattica.

⇨ creato occasioni di acquisizione di conoscenze utili al miglioramento del rapporto educativo e alla facilitazione degli apprendimenti;

Pertanto, le attività di formazione delle 58 edizioni delle UF si sono articolate in modo da:

⇨ consentire al personale scolastico di ogni area e disciplina di potersi appropriare di strumenti e competenze ritenuti indispensabili e "trasversali" per affrontare l'attività professionale e l'evoluzione normativa che regola il funzionamento della Scuola, con riferimento agli specifici saperi disciplinari, in relazione alla costruzione di percorsi didattici per competenza, anche ai fini della certificazione al termine dell'obbligo di istruzione;

⇨ consentire al personale docente di approfondire, sperimentare ed implementare informazioni e competenze a supporto della didattica (utilizzo delle nuove tecnologie informatiche e/o multimediali);

⇨ sostenere la ricerca didattico - pedagogica in riferimento alle innovazioni di struttura e di ordinamento;

⇨ facilitare l'accoglienza e l'integrazione degli alunni stranieri, degli alunni disabili, DSA e BES.

Le previste attività online sono state realizzate attraverso la piattaforma Google Classroom.

Google Classroom è un'applicazione accessibile da pc e smartphone (Android e IOS) che permette al docente di gestire l'assegnazione dei compiti, la loro scadenza di consegna e la successiva valutazione, in modo veloce e controllato e consente agli studenti di completare i compiti assegnati e inviarli al docente tramite internet.

L'idea è quella di sfruttare le potenzialità offerte dalla piattaforma delle Google Apps per limitare il consumo di carta e liberare i docenti da quelle incombenze che rubano tempo alla normale attività didattica (redazione e consegna dei compiti, controllo delle scadenze degli stessi, riconsegna e valutazione degli elaborati).

L'applicazione si integra con Google Drive e Google mail sfruttandone le caratteristiche per la condivisione dei documenti e l'inoltro di avvisi e comunicazioni.

I feedback dei partecipanti

Dall'analisi dei questionari di reazione, compilati dai docenti corsisti a conclusione delle attività formative, è emerso un quadro piuttosto diversificato per le varie UF, sebbene nel complesso positivo.

La congruenza dei contenuti dei corsi in relazione agli obiettivi è risultata soddisfacente o più che soddisfacente per l'86% dei partecipanti.

L'applicabilità degli argomenti trattati è risultata soddisfacente o più che soddisfacente per l'87% dei partecipanti.

Le UF sono risultate superiori o di gran lunga superiori alle aspettative per l'82% dei corsisti e circa l'84% dei docenti si è detto soddisfatto o più che soddisfatto dell'attività formativa seguita.

Una certa difficoltà è stata rilevata in alcune UF, nelle quali il connubio Esperto/Ente di formazione e Tutor non ha riscontrato un ottimale gradimento dei docenti corsisti.

Azioni di pubblicità

Il corso è stato pubblicizzato in varie modalità:

1. Comunicazione interna alle 40 Istituzioni scolastiche all'albo e sul sito internet delle scuole;
2. Comunicazione sulla rete intranet alle scuole interessate;

3. Costituzione, sul portale della scuola Polo, di una sezione dedicata "Piano formazione Ambito CAL001" contenente tutto il materiale e le comunicazioni;
4. Locandina dedicata;
5. Stichers adesivi sulle carpette ai corsisti;
6. Azione di disseminazione all'albo e sul sito internet della scuola

Piano finanziario

Il Piano di formazione dell'Ambito 01 Calabria, a fronte di un finanziamento iniziale di € 138.021,00, ha comportato un impegno finanziario di €. 141,966,74, così ripartito:

1. Direzione corsi 12 sedi formative €. 4.872,81
2. Coordinamento scientifico, Progettazione e produzione del materiale formativi € 11.736,23
3. Docenza e Tutoraggio € 70.216,64
4. Segreteria amministrativa/organizzativa € 37.715,24
5. Costi logistica (gestione piattaforma, ecc... € 5.901,48
6. Altri costi (USR Calabria) €.11.524,34
   Totale impegnato e rendicontato € 141.966,74

Criticità emerse

- Esperti/enti non sempre all'altezza
- Difficoltà a reperire esperti di spessore a causa dei compensi poco allettanti e spesso inadeguati al reclutamento (€ 41,32 / £ 80.000 Decreto Interministeriale 12 ottobre 1995 n. 326)
- Poca disponibilità di alcuni DS a favorire la frequenza dei docenti alle attività formative organizzate dall'ambito, nonostante quanto previsto dal comma 124

dell'art.1 della Legge 107 ("...la formazione in servizio dei docenti di ruolo è obbligatoria, permanente e strutturale...")

- Attività formative svolte in periodi già saturi di impegni istituzionali
- Laboratori e/o attrezzature non sempre efficienti

Problematiche evidenziate dai partecipanti

- Maggiore attenzione ai laboratori utilizzati.
- Richiesta di maggiori ore di attività laboratoriali con percorsi guidati.
- Anticipare lo svolgimento dei corsi. L'organizzazione degli stessi nei mesi di maggio e giugno non è in linea con il raggiungimento di obiettivi in termini di efficienza ed efficacia.
- Esigenza di una maggiore competenza, padronanza dei contenuti e capacità di trasmetterli.
- Maggiore collaborazione tra docente e tutor nel rispetto dei corsisti e della professionalità docente.
- La frequenza delle lezioni del corso è stata problematica in quanto ha coinciso con le attività di fine anno scolastico.
- I contenuti del corso richiedevano più tempo per essere approfonditi.
- Selezione degli esperti più adeguata rispetto agli obiettivi del corso.
- Evitare la sovrapposizione tra corso di formazione e Esami di Stato.
- Richiesta corso sulle competenze digitali avanzate.

- Corsi di aggiornamento da svolgersi completamente online con dei tutorial esplicativi che possano consentire al corsista di completare le consegne.
- Uso maggiore dei laboratori.
- Verificare precedentemente l'idoneità dei laboratori multimediali, ma questa è più una pecca della scuola ospitante che degli organizzatori del corso, che invece si sono mostrati decisamente competenti.
- Poca teoria e molta pratica supportata da esperti e tutor che abbiano le idee chiare su ciò che devono fare.
- Molto positiva e utile l'idea di fare le lezioni specifiche per ogni ordine di scuola (solo per l'infanzia, primaria, ...). I corsi dovrebbero essere svolti all'inizio dell'anno scolastico, Perché alla fine dell'anno gli insegnanti sono molto stanchi e a scuola ci sono ancora molte cose da portare a termine.

- Non è produttivo avviare corsi di aggiornamento a fine anno scolastico in quanto gli impegni sono notevoli.
- Inizio il corso nella prima parte dell'anno scolastico.
- Maggiore attenzione da prestare ai laboratori da utilizzare.
- Maggiore comunicazione tra esperto e scuola ospitante per evitare continue carenze tecniche.
- In alcune sedi non è stato possibile la piena fruizione degli strumenti tecnologici e ciò ha penalizzato lo svolgimento delle lezioni.
- Non è stato possibile la fruizione degli strumenti tecnologici per problemi tecnici.
- Ampliare il corredo tecnologico e la documentazione didattico - formativa.

Elementi di forza:

L'elemento di maggiore forza del piano ci sembra essere stata la condivisione, declinata in più azioni:

A livello di progettazione e organizzazione generale.

- In prima istanza una indagine sui bisogni formativi (gennaio - febbraio 2018) rivolta a tutti i circa 4.000 docenti delle 40 istituzioni scolastiche dell'ambito, con un feedback di 2679:
- I risultati resi pubblici nel sito dell'Istituto Polo e restituiti in occasione del primo incontro del gruppo di progetto tenutosi il 23 gennaio 2018;
- Il gruppo di lavoro di 8 dirigenti scolastici, rappresentanti dell'ambito, che, anche con l'ausilio di docenti referenti per la formazione, si sono fatti portavoce delle esigenze dell'ambito e hanno progettato il piano formativo durante 4 sessioni di lavoro, più un incontro plenario dell'Ambito di restituzione finale, tenutosi ad aprile 2018.

A livello delle attività sui corsi

- tutti i materiali prodotti dai formatori sono stati messi a disposizione dalla scuola polo che, per sostenere proprio la condivisione di buone pratiche, ha lasciato le cartelle di tutti e 19 corsi attivati visibili a tutti i formatori e tutor coinvolti sul sito dell'Ambito www.ambito1cz.it.

A conclusione delle attività di ogni UF è stata condotta l'indagine presso i docenti per conoscere il livello di soddisfazione del Corso di formazione

Attraverso la compilazione on – line di un questionario a risposte guidate è stato chiesto ai corsisti di esprimere in piena serenità e libertà, una propria valutazione, con l'espressione di propri giudizi ed eventuali contributi personalizzati.

Il questionario ovviamente è stato compilato totalmente in formato anonimo, al solo fine di raccogliere le risposte omogenee per trarne suggerimenti utili al miglioramento dei futuri Piani di Formazione e degli esperti e tutor che hanno condotto le attività. I risultati che ne sono scaturiti vengono fedelmente riportati.

I feedback dei docenti corsisti

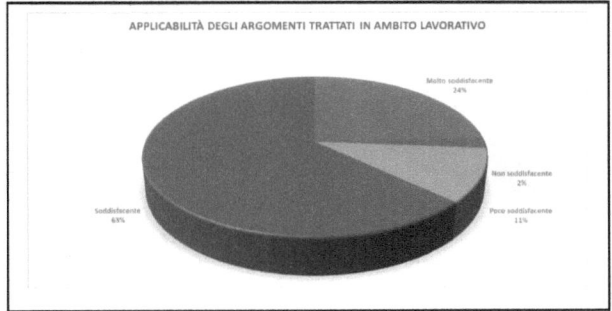

APPLICABILITÀ DEGLI ARGOMENTI TRATTATI IN AMBITO LAVORATIVO

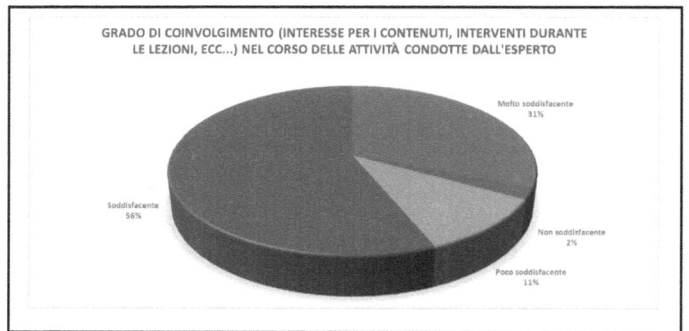

GRADO DI COINVOLGIMENTO (INTERESSE PER I CONTENUTI, INTERVENTI DURANTE LE LEZIONI, ECC...) NEL CORSO DELLE ATTIVITÀ CONDOTTE DALL'ESPERTO

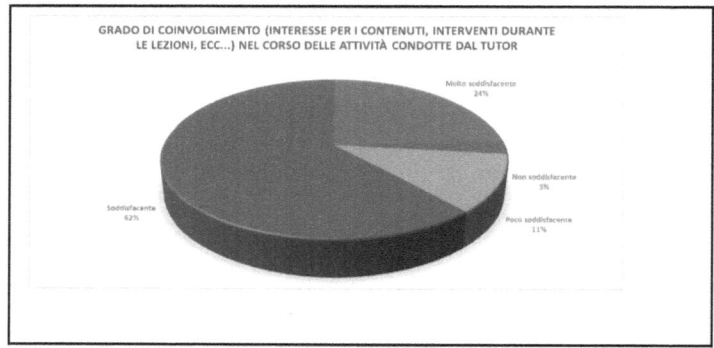

GRADO DI COINVOLGIMENTO (INTERESSE PER I CONTENUTI, INTERVENTI DURANTE LE LEZIONI, ECC...) NEL CORSO DELLE ATTIVITÀ CONDOTTE DAL TUTOR

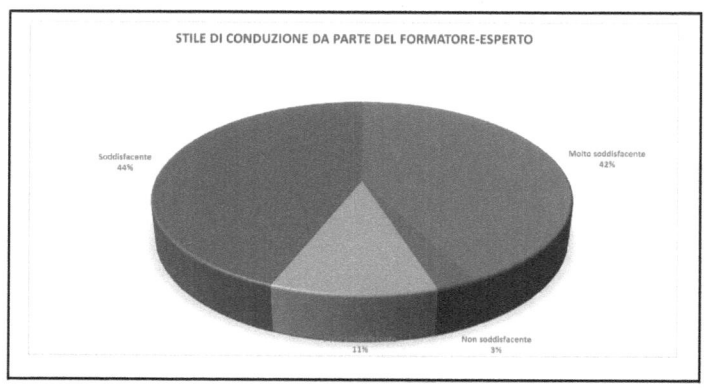

STILE DI CONDUZIONE DA PARTE DEL FORMATORE-ESPERTO

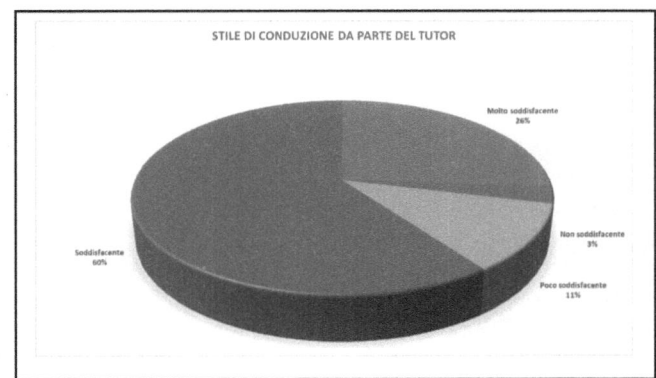

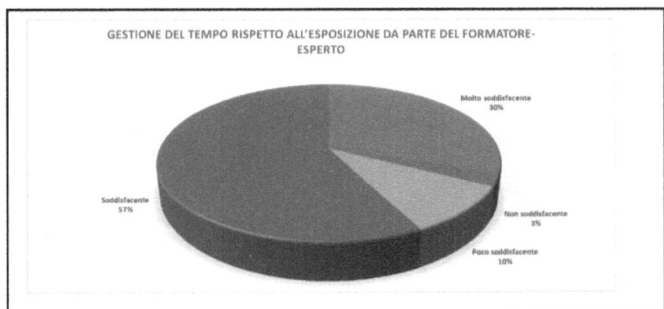

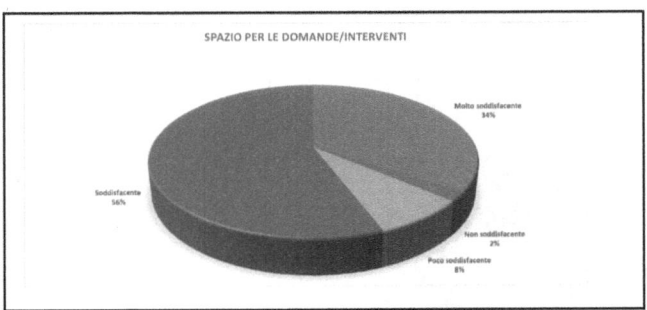

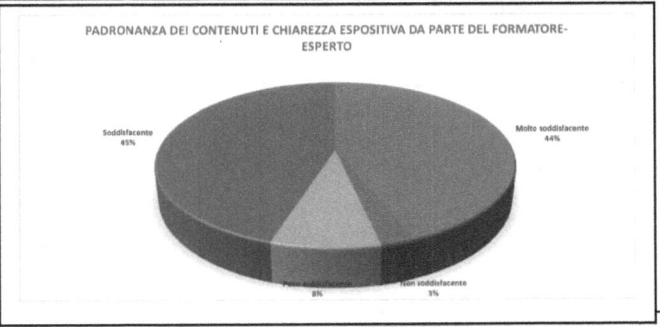

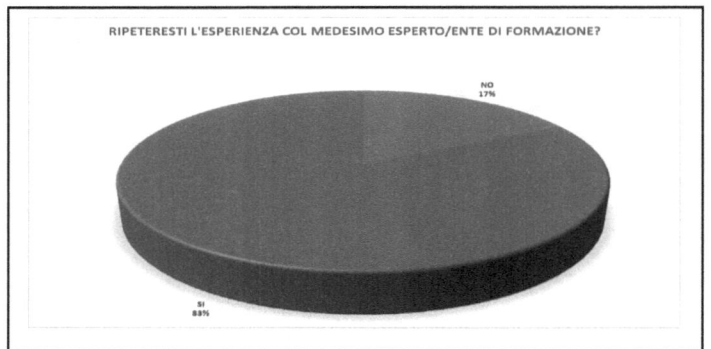

CAPACITÀ COMUNICATIVE E RELAZIONALI DEL FORMATORE-ESPERTO CON SINGOLI E GRUPPI

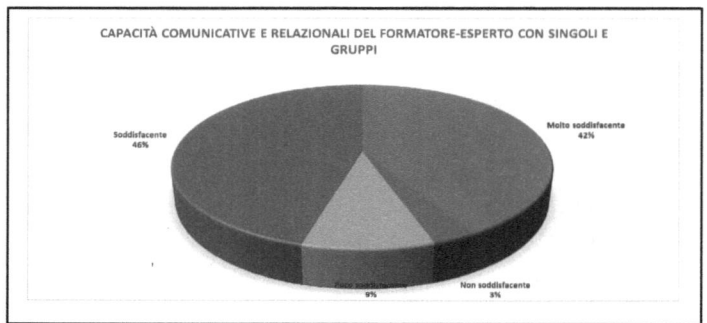

SPAZIO PER LE DOMANDE/INTERVENTI DA PARTE DEL TUTOR

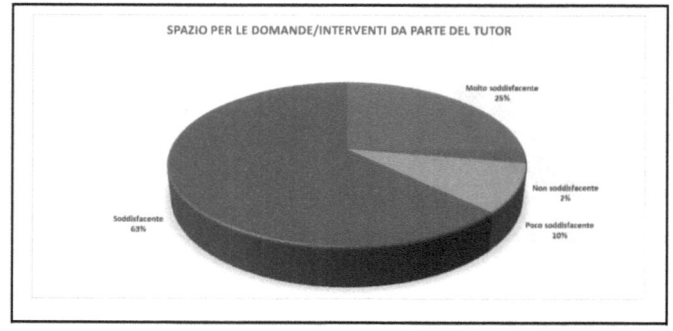

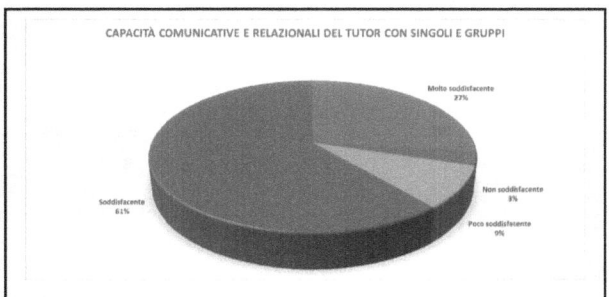

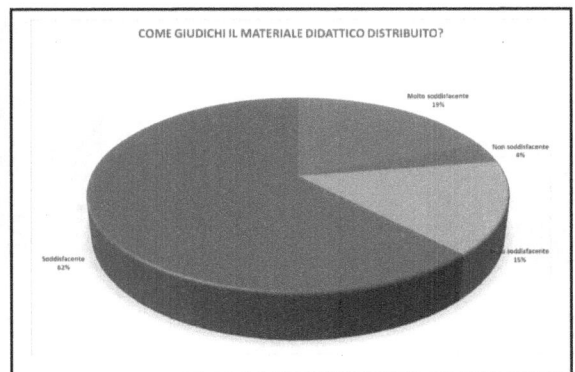

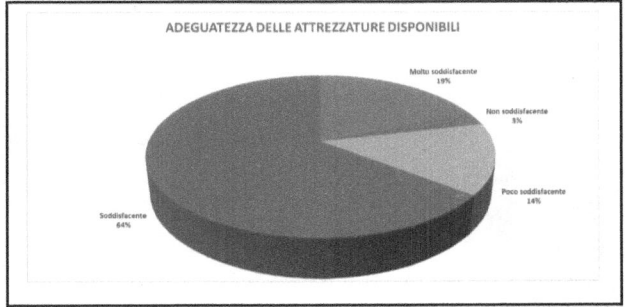

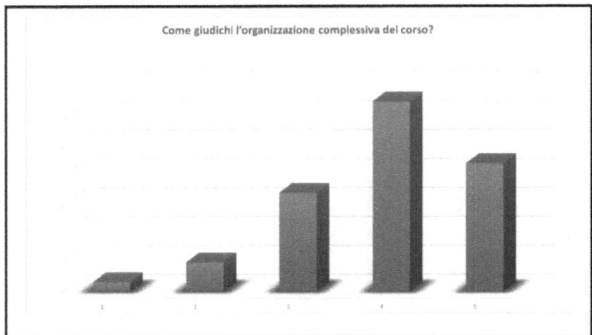

Come giudichi l'organizzazione complessiva del corso?

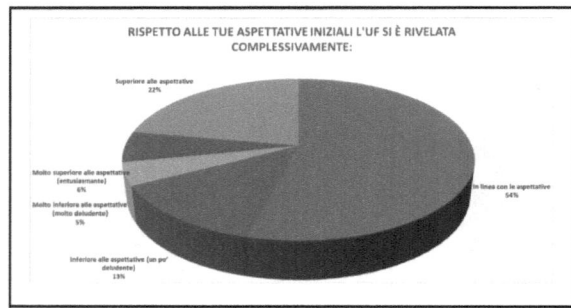

RISPETTO ALLE TUE ASPETTATIVE INIZIALI L'UF SI È RIVELATA COMPLESSIVAMENTE:

Superiore alle aspettative
22%

Molto superiore alle aspettative
(entusiasmante)
6%

Molto inferiore alle aspettative
(molto deludente)
5%

Inferiore alle aspettative (un po'
deludente)
13%

In linea con le aspettative
54%

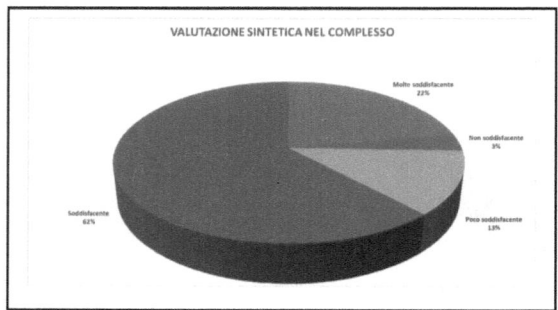

VALUTAZIONE SINTETICA NEL COMPLESSO

Molto soddisfacente
22%

Non soddisfacente
3%

Poco soddisfacente
13%

Soddisfacente
62%

Conclusioni

La prima cosa che non può non essere rilevata è la complessità che ha caratterizzato e caratterizza l'organizzazione di un progetto formativo considerato che si è dovuto pianificare l'attività di formazione, in tempi ristretti e per un numero così elevato di docenti (oltre 2500) con 19 UF, e ben 58 edizioni, dislocate in ben 12 sedi.

Nell'articolazione dell'azione formativa ci ha guidato l'idea che la formazione è un momento di crescita culturale, professionale e personale dei soggetti partecipanti; essa può diventare un fattore in grado di provocare un cambiamento solo se si pensa e si realizza la formazione in termini di processo, dove la verifica dei risultati rappresenta un momento di approfondimento dei bisogni che produrranno una ulteriore richiesta di formazione.

Le attività, comunque, si sono svolte con un discreto livello di partecipazione, i calendari pianificati sono stati, in linea di massima, rispettati, il che ha consentito di chiudere tutte le attività formative delle 19 UF entro il 30 ottobre 2018.

"L'Ambito come comunità per un processo sistemico di formazione condiviso"Ambito 2 Cal.
Tommaso Cristofaro Dirigente Scolastico IIS "Majorana" Girifalco Scuola Polo per la Formazione Ambito 2 Cal.

Il sistema di formazione articolato per ambiti non costituisce solo la soluzione tecnico-amministrativa per lo svolgimento di tematiche comuni preventivamente determinate ma, anche e soprattutto, l'implementazione di un processo sistemico e motivazionale di formazione condiviso e maturato, senza dubbio, in relazione al contesto territoriale di lavoro.

Il Coordinamento del sistema formativo dell'ambito CZ2 che ha consentito di realizzare un servizio rivolto a 29 istituzioni scolastiche, di cui 20 IC e 9 IS, con un'utenza potenziale costituita da circa 2500 docenti di ruolo, e circa 650 unità di personale ATA, alla fine del triennio, impone un chiarimento sul senso fondamentale dell'azione intrapresa.

Due sono stati gli obiettivi di processo messi in essere nell'azione della scuola polo per la formazione dell'Ambito CZ2, sostenuta dalle conferenze dei Dirigenti e dalle attività coordinate dei direttori dei corsi e dei tutor:
a. la strutturazione di un sistema organizzativo e di servizi efficienti;
b. il coinvolgimento e la formazione ad hoc di figure professionali per la gestione delle attività.

Nello specifico:

- è stato costituito un Gruppo di lavoro con professionalità in possesso di specifiche competenze per la gestione organizzativa e amministrativa;
- è stata predisposta una specifica piattaforma attraverso la quale sono stati gestiti efficacemente e funzionalmente sia gli aspetti organizzativi (rilevazione dei bisogni – calendari – comunicazioni ecc) che gli aspetti didattici (condivisione di materiali – attività on-line – forum – documentazione di restituzione – ecc);
- sono stati coinvolti, in qualità di Direttori, i Dirigenti delle scuole ospitanti i corsi;
- è stato costituito un Albo dei tutor (docenti in servizio nell'Ambito) che hanno supportato le azioni maturando esperienze e competenze anche grazie ad una continua interazione tra tutor, con i Dirigenti direttori dei Corsi e con il Gruppo di lavoro della scuola-polo.

Con tale strategia organizzativa l'ambiente formativo che si è creato è stato senza dubbio caratterizzato da continue sollecitazioni ai corsisti alla partecipazione , messe in atto dai tutor d'aula che hanno saputo creare un'intermediazione tra la figura dell'esperto e le pratiche didattiche da porre in essere a seguito dell'azione di input all'approfondimento promossa dal relatore.
Il processo interattivo ha creato quel clima laboratoriale fortemente richiesto dai partecipanti e che ormai dovrà caratterizzare tutte le esperienze formative da attuare all'interno della comunità scolastica.

Altrettante sono state le finalità delle azioni:

a. dare una risposta sostenuta ed efficace ai bisogni formativi dei soggetti operanti nella scuola del territorio;
b. creare un ambiente di apprendimento e formazione costituito dall'insieme delle esperienze scolastiche dell'ambito messe in campo in varie forme e condivise in un contesto relazionale d'ambito.

Per la prima finalità è risultato chiaro che la dimensione operativa posta in essere dalla Legge 107/15 sarebbe stata determinata dalla necessità di trovare un punto d'incontro tra l'esigenza formativa, sentita dal personale ed esperita in forma non gestibile a livello di singola sede scolastica, e l'obiettivo del sistema scolastico di intercettare tale esigenza dandole una dimensione gestibile anche in forme significative in termini di valore generale.

L'esigenza prospettata , seppure condivisa, crea senza dubbio una notevole mole di lavoro a carico delle scuole polo che necessitano di tempi distesi che superino anche la dimensione di anno scolastico e una struttura organizzativa stabile, formata, che agisca con determinazione e tempismo.

Sono stati, infatti, attivati:
➢ a.s. 2016/17
-   7 diverse Unità Formative e 34 Corsi (collaborazione con tre Agenzie formative);
➢ a.s. 2017/18
-   11 diverse Unità Formative e 24 Corsi + 2 Corsi per i docenti-referenti per l'inclusione (collaborazione con due Agenzie formative).

In merito alla seconda finalità, l'investimento dell'intera organizzazione relativamente al piano di formazione per l'Ambito CZ2, è stato notevole, con percorsi che hanno costituito, anche in forme problematiche, elemento innovativo dell'intera esperienza.

In conclusione, il sistema della formazione d'ambito ha senso se costituisce una "sponda" di riferimento per il processo di formazione scelto dal docente e mediato dal riferimento concreto costituito dalla singola scuola, sede di servizio, dove si esplica l'attività professionale e si realizza la fondamentale dinamica della ricerca/azione.
Il senso del progetto formativo dell'Ambito CZ2 è rinvenibile nel tentativo di creare un progetto condiviso, sostenuto dal confronto e dall'interscambio tra esperienze professionali individuali o anche di particolari contesti scolastici e reso possibile dall'apertura di spazi e momenti di incontro. Ciò ha reso pregnante il senso dell'appartenenza al sistema che non è solo organizzativo e di servizi ma anche, e soprattutto, motivazionale.

PNFD II^ Annualità a.s. 2017/2018-Ambito 3 Cal.

Immacolata Cairo

Dirigente Scolastico I.C. "DON MILANI – DE MATERA" CS V COSENZA, Scuola Capofila e Polo Formazione Ambito 3 Cal.

PREMESSA

I nuovi caratteri della Formazione.

La Legge 107/2015 *(commi 70, 71, 72 e 74, art. 1)*, ha previsto una nuova organizzazione della formazione sul territorio ed una nuova gestione delle risorse, valorizzando sinergicamente l'autonomia scolastica e quella collaborazione e condivisione propositiva, che si riconosce nella forma organizzativa della rete. Il comma 70 ha disposto, infatti, che gli UU.SS.RR. promuovano la costituzione di *Reti di Ambito* con il fine di permettere la realizzazione, attraverso la forma della rete, di iniziative rivolte ad interessi territoriali e tese a trovare migliori soluzioni per aspetti organizzativi e gestionali comuni e condivisi, come la valorizzazione delle risorse professionali, la gestione di funzioni e attività amministrative e, soprattutto, le azioni relative alla formazione del personale. L'aggregazione per ambiti, infatti, grazie alla sinergia di rete, consente alle scuole nei diversi contesti, di rafforzare le proprie competenze e svilupparne di nuove, di gestire e superare le problematicità, di avvalersi e condividere l'esperienza delle altre scuole partecipanti alla rete.

Tutte le 42 Scuole afferenti all'Ambito Terr. n.1 di Cosenza hanno aderito alla Rete di Ambito, appositamente costituitasi secondo le indicazioni normative, e, questa Scuola, già designata, **dall'a.s. 2016/2017** quale *Capofila della Rete di Ambito* è **stata individuata anche come *Scuola-Polo per la formazione*. La stessa,** pertanto, assegnataria delle risorse finanziarie, attinenti la realizzazione dei Piani di Formazione di Ambito per il triennio 2016/2019, **si è fatta carico della progettazione e realizzazione degli interventi formativi**, relativi ai PNF della I^ e II^ Annualità, quindi, ne ha coordinato l'organizzazione, garantendone la corretta gestione amministrativo-contabile ed interfacciandosi con l'USR della Calabria per le attività di monitoraggio e rendicontazione.

FINALITÀ DELLA FORMAZIONE

Il D.M. n.797/2016 ha adottato il Piano Nazionale di Formazione del personale docente per gli anni scolastici 2016/2017, 2017/2018 e 2018/2019, è stato preceduto dalla Nota n. 2915 del 15/09/2016, che ha fornito "*Prime indicazioni...*" e seguito dalla Nota n. 3373 del 01/12/2016, che ha fornito "*Indicazioni per un efficace utilizzo delle risorse assegnate alle Scuole Polo...*". Il D.M. n.797/2016 riconosce che la partecipazione ad azioni formative deve riguardare l'intera comunità scolastica, il PNF va considerato, quindi, come un quadro di riferimento "rinnovato" per la formazione e lo sviluppo professionale di tutti gli operatori della scuola poiché offre una **visione di sistema organica e coordinata** per un triennio, indica e spiega le priorità, prospetta un modello organizzativo nel quale i diversi attori hanno ruoli definiti e interagenti secondo una regia complessiva.

Il PNFD si è proposto, pertanto, l'obiettivo di **"armonizzare le azioni formative"** su tre livelli:

- quello *nazionale*, con la definizione degli indirizzi strategici e delle regole di funzionamento;
- quello delle *Istituzioni Scolastiche*, nell'ottica del miglioramento stabilito nell'ambito della propria autonomia;
- quello del *singolo docente*, finalizzato allo sviluppo professionale continuo.

Le attività di formazione, quindi, hanno presentato come finalità quelle di:

- *perseguire* gli obiettivi formativi presenti nel Piano Nazionale di Formazione;
- *sostenere* la ricerca-azione in riferimento alle innovazioni di struttura e ordinamento;
- *sostenere* l'innovazione metodologico-didattica all'interno dei vari Istituti, nei diversi ordini di scuola, e la diffusione della documentazione delle buone pratiche educative e didattiche;
- *consentire* ai docenti di ogni ordine e grado di scuola di potersi appropriare di strumenti e competenze ritenuti indispensabili allo sviluppo ed al potenziamento della propria professionalità;
- *consentire* ai docenti di approfondire, sperimentare, implementare conoscenze e competenze a supporto della qualità dell'azione didattica;
- *favorire* il rinforzo della motivazione personale e della coscienza/responsabilità professionale;

- *migliorare* la comunicazione tra i docenti, aumentando la reciproca collaborazione, fornendo occasioni di riflessione sulle pratiche didattiche.

La Formazione di Ambito ha contemplato, accanto alla realizzazione di azioni formative rivolte a tutti i docenti delle Scuole afferenti all'Ambito Territoriale n. 1 di Cosenza, anche altre azioni indirizzate, sia dalle scuole che da altri attori istituzionali, prevalentemente a gruppi distinti o figure specifiche quali:

- ✓ le attività di formazione, per i neo-immessi;
- ✓ le attività di formazione per i Coordinatori/Referenti per l'inclusione;
- ✓ le attività di formazione per i tutor dei laboratori di ricerca-azione *(P.N.F.D. I^ ANNUALITA')*;
- ✓ le attività di formazione per gli animatori digitali *(P.N.F.D. I^ ANNUALITA')*.

Del PIANO DI FORMAZIONE di AMBITO hanno fatto parte integrante e sostanziale, oltre che le Unità Formative organizzate da questa Scuola Polo anche:

- Unità Formative organizzate da MIUR, USR e ATP per rispondere a specifiche esigenze connesse agli insegnamenti previsti dagli ordinamenti, alla formazione di figure e/o funzioni specifiche, a innovazioni di carattere strutturale o metodologico, che ovviamente non è possibile qui indicare, ma che ogni Istituzione Scolastica assume quale parte integrante del proprio Piano di Formazione di Scuola;

- Unità Formative proposte dal MIUR, USR, Enti e Associazioni professionali, accreditati presso il Ministero, coerenti con gli obiettivi dei Piani di Formazione di Scuola, e alle quali le singole Istituzioni Scolastiche hanno autonomamente deciso di partecipare;

- Unità Formative, eventualmente, promosse e organizzate direttamente dalle Istituzioni Scolastiche.

LA NORMATIVA DI RIFERIMENTO
➤ D.M. n.797 del 19/10/2016

"Piano Nazionale di Formazione del personale docente per gli anni scolastici 2016/2017, 2017/2018, 2018/2019".

➤ NOTA MIUR n.47777 dell'08/11/2017

"Indicazioni e ripartizione fondi per le iniziative formative relative alla II annualità Piano di formazione docenti, nonché per la formazione docenti neoassunti a.s.2017/2018 e la formazione sui temi dell'Inclusione a.s.2017/2018".

➤ NOTA U.S.R. CALABRIA n. 52 del 03/01/2018

"Piano formazione docenti II^ Annualità. Azioni formative periodo di formazione e prova, Formazione sul tema dell'inclusione a. s. 2017/2018. Orientamenti e indicazioni operative di massima".

LA NOTA MIUR n. 47777 del 08/11/2017. Indicazioni Operative

Il Miur per la II^ Annualità del P.N.F.D. ha suggerito Obiettivi e Priorità Nazionali:

OBIETTIVI NAZIONALI:

– *OPERARE* perché i bisogni formativi espressi dalle scuole (*singole o associate in reti di scopo)* trovino il giusto spazio nelle sintesi costruite a livello di ambito;

– *CONSIDERARE* I bisogni formativi espressi

dalle scuole *(singole o associate in reti di scopo)* e comprendere anche i bisogni formativi dei singoli docenti;

– *FAVORIRE* il ricorso ad attività di ricerca didattica e formazione sul campo incentrate sull'osservazione, la riflessione, il confronto sulle pratiche didattiche, contenendo trattazioni astratte e modelli formativi che privilegino la modalità della lezione frontale;

– *COINVOLGERE* le strutture universitarie, le associazioni professionali, gli enti e i soggetti qualificati/accreditati.

PRIORITÀ NAZIONALI «obbligatorie».

In particolare in ogni Ambito territoriale sono state suggerite le seguenti priorità:

➢ tema delle competenze e delle connesse didattiche innovative;

➢ tema della valutazione degli apprendimenti;

➢ tema dell'alternanza scuola-lavoro;

➢ tema dell'autonomia organizzativa e didattica;

➢ LINGUE STRANIERE;

➢ INCLUSIONE.

PRIORITÀ NAZIONALI «consigliate».

Nella Nota n. 47777 dell'08/11/2017, il MIUR ritiene opportuno segnalare l'esigenza di affrontare, fra l'altro, alcune tematiche che invece l'USR della Calabria ha proposto di rinviare al prossimo anno scolastico:

1. integrazione multiculturale e cittadinanza globale, anche in connessione con i temi della sostenibilità di cui all'Agenda 2030;

2. inclusione e disabilità, per una preliminare conoscenza delle innovazioni previste dal D.lgs. n. 66/2017 (coinvolgendo figure

sensibili e di coordinamento e destinando interventi prioritari a docenti di sostegno sforniti dei prescritti titoli di specializzazione);

3. insuccesso scolastico e contrasto alla dispersione, anche in connessione con le iniziative promosse dall'apposito Osservatorio nazionale contro la dispersione e relative linee progettuali e finanziarie;

4. l'approfondimento di aspetti relativi alla cultura artistica e musicale, in relazione alle innovazioni previste dagli artt.8-9 del D.lgs. 60/2017 (attivando almeno un laboratorio formativo in ogni ambito territoriale).

LA NOTA U.S.R. CALABRIA N.52 del 03/01/2018. Indicazioni Operative

L'U.S.R. della Calabria, in linea con le indicazioni a carattere nazionale, ha suggerito di ricollocare al centro i bisogni della scuola: partire dalla traiettoria della scuole *(incardinata nei documenti del RAV, PdM, PTOF)* per farla intersecare con la traiettoria del docente, così per come emerge dai suoi bisogni formativi, per arrivare ad una sintesi tra i due piani, al fine di realizzare:

✓ integrazione tra attività seminariali;
✓ sperimentazioni di attività di Ricerca-Azione;
✓ metodologie operative per problematizzazioni, nell'ottica della condivisione tra pari;

Nella nota è stato consigliato di indirizzare i Piani Formativi di Ambito verso le tre tematiche sotto elencate, da assicurare obbligatoriamente ai docenti in ogni Ambito, in ossequio alle priorità nazionali, già trattate nello scorso anno scolastico ma alla luce delle novità normative ministeriali:

1. *Competenze e connesse didattiche innovative;*
2. *Valutazione degli apprendimenti;*
3. *Insuccesso scolastico e il contrasto alla dispersione.*

Nella III^ Annualità del Piano (a.s.2018/2019) verranno prese in considerazione le ulteriori tematiche per favorire una progettualità temporale più estesa, in un'ottica pluriennale:

- il tema dell'ALTERNANZA SCUOLA-LAVORO da indirizzare anche in relazione agli esiti delle azioni di monitoraggio qualitativo;
- il tema dell'AUTONOMIA ORGANIZZATIVA e DIDATTICA, con particolare riferimento alle connessioni con l'evoluzione dei PTOF, il migliore utilizzo, da parte delle istituzioni scolastiche, dell'Organico di potenziamento, l'attivazione di modelli organizzativi flessibili.

LE NOVITÀ del PNFD II^ Annualità
LINGUA INGLESE

Le novità di questa II^ Annualità del PNFD hanno riguardato la predisposizione di una quota delle risorse disponibili a livello di Ambito Territoriale riservata alle azioni sulla LINGUA INGLESE in funzione dei bisogni territoriali, infatti, è stata prevista una quota delle risorse (del 15%), per la formazione nel campo linguistico, previa rilevazione dei bisogni formativi, sono stati attivati percorsi sperimentali CLIL nel primo ciclo ed è stato previsto il completamento e rafforzamento della formazione linguistica per i docenti della scuola primaria.
SCUOLA DELL'INFANZIA

Sono state realizzate due iniziative formative rivolte ai docenti di SCUOLA DELL'INFANZIA, aperte anche a docenti di altri comparti educativi, sui temi della cultura dell'infanzia, in connessione con il D.L.gs. n. 65/2017:

> U.F. n.1 per consolidare le pratiche educative e didattiche in una logica di continuità educativa: *"VERSO UNA DIDATTICA PER COMPETENZE IN UNA LOGICA DI CONTINUITÀ EDUCATIVA"*;

> U.F. n.2 per sviluppare competenze pedagogiche ed organizzative in vista dell'assunzione di compiti di coordinamento pedagogico: *"IL PROFILO PROFESSIONALE DEL DOCENTE NELLA SCUOLA DELL'INFANZIA"*.

Per questa nuova priorità sono state realizzate azioni formative condivise, con la Regione, gli Enti locali e il sistema paritario.

92

CARATTERISTICHE SCUOLE AMBITO TERRITORIALE N.1 di CS

Per la realizzazione delle azioni formative dei circa 4.303 docenti titolari nelle Scuole appartenenti all'Ambito Terr. N.1 di Cosenza, sia per la I^ ANNUALITA' relativa all'a.s. 2016/2017 che per la II^ ANNUALITA' relativa all'a.s. 2017/2018, sono stati elaborati dei PIANI DI FORMAZIONE sulla base dei risultati dell'analisi dei fabbisogni formativi, evidenziati dalle Istituzioni Scolastiche nonché, tenendo in debita considerazione sia le Linee di Indirizzo delineate nel Piano Nazionale di Formazione che fissa le priorità formative del Paese che le indicazioni dell'USR della Calabria.

Le Istituzioni Scolastiche che afferiscono all'Ambito Terr. N.1 di Cosenza sono n. 42, di cui:

- n. 25 Istituti Comprensivi;
- n. 16 Istituti di Istruzione Superiore;
- n. 1 C.P.I.A.

per un totale di n. 4303 docenti per come qui di seguito specificato:

93

N°	CODICE	DENOMINAZIONE	DOCENTI
1	CSIC802 00T	I.C. DIPIGNANO "VALENTINI-CAROLEI"	92
2	CSIC810 00R	I.C. APRIGLIANO	50
3	CSIC812 00C	I.C. COSENZA "V.ROMA-SPIRITO S."	143
4	CSIC840 00L	I.C. SAN FILI	51
5	CSIC851 003	I.C. MANGONE - GRIMALDI	130
6	CSIC853 00P	I.C. "T. CORNELIO" ROVITO	91
7	CSIC854 00E	I.C. CELICO - SPEZZANO PICCOLO	55
8	CSIC855 00A	I.C. SPEZZANO SILA	52
9	CSIC856 006	I.C. PEDACE	77
10	CSIC864 005	OMNICOMPRENSIVO BIANCHI - SCIGLIANO	97
11	CSIC870 00C	I.C. MENDICINO	110
12	CSIC874 00Q	I.C. ROGLIANO	97
1	CSIC876	I.C. CASTROLIBERO	78

3	00B		
1 4	CSIC877 007	I.C. CERISANO	92
1 5	CSIC879 00V	I.C. RENDE QUATTROMIGLIA	182
1 6	CSIC890 00N	I.C. RENDE CENTRO	96
1 7	CSIC896 00L	I.C. COSENZA "F.GULLO "	175
1 8	CSIC897 00C	I.C. COSENZA "ZUMBINI"	122
1 9	CSIC898 008	I.C. COSENZA "V. NEGRONI"	155
2 0	CSIC8A K00C	I.C. RENDE-COMMENDA	131
2 1	CSIC8A L008	I.C. "DON MILANI-DE MATERA" CS	210
2 2	CSIC8A V00X	I.C. S. GIOVANNI IN F. "G. DA FIORE”	93
2 3	CSIC8A W00Q	IC S. GIOVANNI IN F. “F.BANDIERA"	79
2 4	CSIC8A X00G	IC S. GIOVANNI F. "ALIGHIERI"	62
2 5	CSIS017 00Q	I.I.S. COSENZA "MANCINI-TOMMASI"	210
2 6	CSIS041 00L	I.I.S. COSENZA "ITC-ITG-L.ART."	85
2 7	CSIS049 007	I.I.S. CASTROLIBERO "LS-ITCG"	97
2 8	CSIS051 007	I.I.S. COSENZA "IPSS-ITAS" NITTI DA VINCI	180
2 9	CSIS069 00C	I.I.S. COSENZA "PEZZULLO"	63
3 0	CSIS073 004	I.I.S. IPSIA COSENZA - LS-ITE ROGLIANO	131
3 1	CSIS074 00X	I.I.S.ITE"V.COSENTIN O-IPAA"F.TODARO"	121

		RENDE	
32	CSIS077 00B	I.I.S. S.G. IN FIORE (IPA-IPSSAR-ITI-ITCG)	121
33	CSIS078 007	I.I.S. S.G. FIORE -(L.S. - ISA - IPSIA)	60
34	CSMM30 4005	CENTRO PROV. LE ISTR. ADULTI CS	40
35	CSPC010 007	L.C. COSENZA "TELESIO"	80
36	CSPC190 001	L.C. RENDE "DA FIORE"	62
37	CSPM05 000T	LICEO "L. DELLA VALLE" COSENZA	134
38	CSPS020 001	L.S. "FERMI" COSENZA	94
39	CSPS030 00G	L.S. "SCORZA" COSENZA	71
40	CSPS180 00D	L.S. "PITAGORA" RENDE	75
41	CSTF010 00C	I.T.I. "MONACO" COSENZA	151
42	CSVC01 000E	CONVITTO NAZ."TELESIO" COSENZA	9
	TOTALE	N° DOCENTI	4.303

ORGANIZZAZIONE DELLE AZIONI FORMATIVE

Per la II^ Annualità del PNFD dell'Ambito Terr. N. 1 di Cosenza l'iter organizzativo ha preso l'avvio, innanzitutto, con la rilevazione dei bisogni formativi delle Scuole, con la successiva sintesi e con la conseguente progettazione per l'a.s.2017/2018, necessaria per promuovere la formazione di docenti che devono operare adeguatamente in una scuola, come quella cosentina, sempre più dinamica e sempre più attenta ai bisogni formativi molto diversificati degli alunni che la frequentano.

La progettazione delle azioni formative a livello di Ambito Territoriale, pertanto, in questa II^ Annualità ha previsto diverse forme e ulteriori articolazioni organizzative, a partire dal ruolo importante delle Reti di Scopo e tenendo in considerazione anche singole scuole, come il CPIA, al fine di rispondere ad esigenze formative particolareggiate, così per come previste nei Piani Formativi d'Istituto.

Le azioni formative, pertanto, sono state realizzate sia da questa Scuola Polo che dalle Scuole afferenti all'Ambito Terr. n.1 di Cosenza individuate, sulla base della propria disponibilità, quali Scuole Capofila delle varie Reti di scopo: I.C. RENDE-COMMENDA; I.C. "F.GULLO"; I.T.I "A. MONACO"; L.C. "G.DA FIORE" RENDE; I.I.S. "MAJORANA" CASTROLIBERO; I.C. MENDICINO; I.I.S. "L.DA VINCI" SAN GIOVANNI IN FIORE; I.I.S "COSENTINO-TODARO"; I.C. "NEGRONI" ; C.P.I.A.

Questa Scuola Polo ha garantito alla Scuole Capofila di Rete di farsi carico delle seguenti azioni:
-   *Predisporre* della progettazione didattica e di spesa di tutte le Unità Formative, comprese quelle delle diverse Reti di scopo, in modo tale da fornire alle varie Scuole Capofila sia una progettazione didattica complessiva, a cui poi le stesse hanno dato poi la curvatura ritenuta opportuna, sia anche una previsione di spesa già calibrata sul numero di docenti da formare per ogni singola Scuola afferente alla rispettiva Rete;

- *Garantire* pari opportunità formative alle varie Reti di scopo calcolando uguali spese pro-capite per ogni docente in formazione;
- *Fornire*, alle Scuole Capofila di Rete, sia supporto tecnico, amministrativo-contabile che consulenza didattica e organizzativa, mettendo a disposizione delle stesse la pregressa esperienza maturata nello scorso anno scolastico;
- *Garantire* una supervisione generale propedeutica a favorire una corretta gestione amministrativo-contabile delle iniziative di formazione realizzate dalle Scuole Capofila delle varie reti di Istituzioni Scolastiche presenti nell'Ambito;
- *Adoperarsi e ricercare* accordi di partenariato con i diversi Enti, agenzie formative e soggetti del territorio, al fine di garantire un costante incremento della qualità delle iniziative formative;
- *Predisporre* tutti i mandati di pagamento relativi a beni e servizi acquistati dalla varie Scuole Capofila di reti a seguito di opportuna rendicontazione delle stesse;
- *Raccordarsi* con l'Ufficio Scolastico Regionale per armonizzare le azioni formative in coerenza con le priorità indicate nel Piano Nazionale per la Formazione.

RILEVAZIONE BISOGNI FORMATIVI SCUOLE DELL'AMBITO T. N. 1 di COSENZA PNFD a.s. 2017/2018

Il PIANO di FORMAZIONE dell'AMBITO TERR. n.1 di Cosenza, II^ Annualità, è stato elaborato sulla base dei risultati dell'analisi dei fabbisogni formativi, evidenziati dai dirigenti scolastici nei Piani di Formazione delle singole Istituzioni Scolastiche dell'Ambito 1 di Cosenza, nonché, tenendo in debita considerazione la normativa sopra ampiamente evidenziata. Considerato che il MIUR e l'USR Calabria hanno proposto di indirizzare i Piani Formativi di Ambito verso alcune aree di priorità, pertanto, la rilevazione è stata incentrata sulle seguenti tematiche:

RILEVAZIONE n.1

1. *Competenze e connesse didattiche innovative;*
2. *Valutazione degli apprendimenti;*
3. *Insuccesso scolastico e il contrasto alla dispersione.*

RILEVAZIONE n.2

a. *Percorsi sperimentali CLIL nel primo ciclo*;
b. *Completamento e rafforzamento della formazione linguistica per i docenti della scuola primaria.*

RILEVAZIONE n.3

INCLUSIONE. Figura del docente REFERENTE/COORDINATORE per l'inclusione.

RILEVAZIONE n.4

INFANZIA:

1. *U.F. rivolta a consolidare le pratiche educative e didattiche in una logica di continuità educativa;*
2. *U.F. rivolta a sviluppare competenze pedagogiche ed organizzative in vista dell'assunzione di compiti di coordinamento pedagogico.*

RILEVAZIONE N.5

RETI DI SCOPO EVENTUALMENTE GIA' COSTITUITE.

E' stato effettuato un sondaggio con relativa tabulazione dei risultati relativo alla mappatura delle reti già costituite.

PIANIFICAZIONE AZIONI FORMATIVE PNFD II^ ANNUALITA'.

In ragione dei bisogni formativi rappresentati dalle Scuole del territorio evidenziati nelle cinque RILEVAZIONI effettuate da questa Scuola Polo, nonché delle risorse assegnate, è stato progettato il PIANO DI FORMAZIONE dell'Ambito Territoriale N. 1 di Cosenza – II^ ANNUALITA' per l'a.s. 2017/2018. La progettualità di questa Scuola, parimenti, ha tenuto conto delle iniziative delle Reti di Scuole all'uopo costituite nella Conferenza di Servizio del 06/02/2018.

La formazione si è ispirata a criteri di ricerca-azione, orientati alla produzione di ipotesi didattiche, alla loro sperimentazione in classe, alla loro validazione, infatti, la formazione più efficace è quella che si basa sul confronto tra pari e sulla rielaborazione critica delle esperienze didattiche, ma richiede anche l'introduzione di stimoli culturali, di prospettive che possano andare al di là della propria comunità di appartenenza.

Nella progettazione dei percorsi formativi è stato rafforzato il legame tra la teoria e le prassi didattiche e la produzione di risorse didattiche, nonché è stata realizzata la sperimentazione di modelli diversi ed innovativi di formazione in servizio:

> ➤ laboratori di ricerca-azione;
> ➤ attività sul campo;
> ➤ peer to peer;
> ➤ attivazione di piccole e grandi comunità virtuali, in Piattaforma XAMP dedicata, per lo scambio e l'aiuto reciproco.

La Piattaforma XAMP dedicata "htts://icdonmilanidemateracspnf.classedigitale.it" ha costituito, infatti, come nella I^ Annualità del PNF, un elemento indispensabile alla formazione con la finalità di facilitare la creazione di un ambiente relazionale utilissimo per gestire il "ciclo di vita" del percorso formativo. Le attività in piattaforma, quale ambiente relazionale d'incontro di motivazioni e professionalità, hanno previsto, infatti, la partecipazione attiva e la collaborazione tra corsisti, quale elemento indispensabile al fine della costruzione del proprio apprendimento e per la realizzazione delle attività proposte da svolgere individualmente e/o in gruppo. Infatti, la partecipazione attiva ai *forum, chat, videoconferenze,* ha contribuito ad incrementare l'interazione costruttiva e la riflessione partecipata.

Le attività in piattaforma sono state supervisionate dai dirigenti scolastici/supervisori dell'intero ciclo formativo e dai docenti/tutor dei laboratori che hanno avuto il compito non di valutare, ma di validare gli oggetti della formazione sottoposti a crediti, nonché di stimolare, agevolare, aiutare a recuperare, approfondire

Le azioni formative sono state articolate in Unità Formative delle quali è stata indicata:

> ➤ la struttura di massima del percorso formativo con i relativi tempi *(attività in presenza, ricerca-azione, attività in piattaforma);*
> ➤ le conoscenze, le abilità e le competenze, riconoscibili e identificabili quali risultati attesi del processo formativo e quali aspetti della professionalità docente in formazione.

Ogni Unità Formativa ha avuto, quindi, la durata di *25 ore*, le metodologie previste sono state, in generale, così strutturate:

- *formazione in presenza;*
- *laboratorio di ricerca-azione;*
- *piattaforma dedicata.*

Per ogni UNITA' FORMATIVA (U.F.) sono stati previsti i seguenti tempi:

- N. 6 ore di formazione in presenza;
  (n. 3 *ore seminario iniziale + 3 ore seminario finale*).
- N. 6 ore di sperimentazione didattica documentata e ricerca/azione;
  (n. 3 *ore laborat. di ricerca-azione n.1 + 3 ore laborat. di ricerca-azione n.2*).
- N. 10 ore di lavoro in rete di cui:
  n. 6 ore di piattaforma dedicata;
  n. 4 ore di documentazione e di restituzione/rendicontazione con ricaduta nell'Istituto.
- N. 2 ore di approfondimento personale e/o collegiale.
- N. 1 ore di progettazione.

PROGRAMMAZIONE UNITA' FORMATIVE PER L'A.S. 2017/2018

Il Piano ha previsto la programmazione di Unità Formative, con la struttura sopra evidenziata, per ognuno dei 4.303 docenti appartenenti alle 42 Istituzioni Scolastiche dell'Ambito Territoriale 1 di COSENZA.

➤ Le attività di formazione in presenza sono state realizzate con seminari in presenza per un totale di

N. 6 ore di fattività (n. 3 *ore seminario iniziale + 3 ore seminario finale*).

In considerazione del fatto che il bacino di utenza della maggior parte delle Istituzioni Scolastiche che afferiscono all'AMBITO N.1 di Cosenza, escluse quelle appartenenti al Comune di San Giovanni in Fiore, insistono tutte nel territorio di Cosenza/Rende e Comuni limitrofi, per agevolare la fruizione ai corsisti, i seminari in presenza sono stati realizzati secondo la seguente dislocazione territoriale:

> ➢ SNODO San Giovanni in Fiore a cura di una scuola capofila di rete di scopo: I.I.S. "L.DA VINCI" SAN GIOVANNI IN FIORE;
> ➢ SNODO COSENZA/RENDE a cura di 9 scuole capofila di rete di scopo I.C. RENDE – COMMENDA; I.C. "F. GULLO"; I.T.I "A. MONACO"; L.C. "G. DA FIORE" RENDE; I.I.S. " MAJORANA" CASTROLIBERO; I.C. MENDICINO; I.I.S "COSENTINO TODARO"; I.C. "NEGRONI"; C.P.I.A. "V. SOLESIN".

Sono state realizzate le necessarie intese territoriali al fine di individuare le possibili strutture capaci di consentire un'agevole realizzazione dei seminari in presenza.

> ➢ Le attività laboratoriali di ricerca-azione in presenza per un totale di N. 6 ore di sperimentazione didattica documentata e ricerca/azione (n. 3 *ore laboratorio di ricerca-azione n.1 + 3 ore laboratorio di ricerca-azione n.2*) sono state realizzate in gruppi costituiti da non più di 20/25 corsisti e realizzati proprio nelle scuole di titolarità dei vari docenti/corsisti con tutoraggio effettuato da docenti titolari nelle stesse scuole (appositamente formati e graduati) e con la supervisione dei rispettivi Dirigenti

Scolastici. Questa tipologia di organizzazione ha avuto il duplice obiettivo di agevolare la realizzazione delle attività ai docenti/corsisti e, nello stesso tempo, rendere le scuole di titolarità soggetti attivi della formazione dei propri docenti, in maniera tale da poter dare ai lavori di gruppo la curvatura necessaria per far sì che le azioni formative siano state rispondenti il più possibile ai bisogni formativi specifici dei docenti di ogni singola scuola afferente all'Ambito.

➤ Le attività in Piattaforma *XAMP* dedicata, previste per un totale di N. 10 ore, sono state così organizzate:

- *n. 6 ore di piattaforma dedicata* che sono state supervisionate e curate da un tutor;

- *n. 4 ore di documentazione e di restituzione/rendicontazione con ricaduta nelle varie Istituzioni Scolastiche* sono state supervisionate e curate dal dirigente scolastico supervisore dei laboratori di ricerca-azione.

- Le ore di approfondimento personale e/o collegiale e di progettazione per un totale di N. 3 ore sono state gestite dal singolo corsista.

REALIZZAZIONE UNITÀ FORMATIVE E DETTAGLIO RETI DI SCOPO

Le Reti di scopo formate da Istituzioni Scolastiche appartenenti all'Ambito n.1 di Cosenza hanno realizzato le Unità Formative per come di seguito indicato con le relative scuole Capofila di rete.

U.F. 1.2b IIS CASTROLIBERO " *RUBRICHE DI VALUTAZIONE".* N° 1 RETE DI SCOPO.

UU. FF. 1.2c /1.2d I.C. "MENDICINO" *"VALUTAZIONE APPRENDIMENTI"* N° 2 RETE DI SCOPO.

UU. FF. 1.3b/1.3c IIS ITE "V.COSENTINO-IPAA"F.TODARO" RENDE *"LA RELAZIONE EDUCATIVA COME CONTRASTO ALL'INSUCCESSO SCOLASTICO"* N°3 RETE DI SCOPO.

UU. FF. 1.1b /1.1c I.C."RENDE-COMMENDA" " *INNOV@DIDATTICA: PIU' COMPETENTI IN ITALIANO E MATEMATICA"* N° 4 RETE DI SCOPO.

U. F. 1.1d I.C. "GULLO" *"FLIPPED CLASSROOM"* N° 5 RETE DI SCOPO.

U.F. 1.1e I.T.I "A. MONACO" *"ROBOTICA E INSUCCESSO SCOLASTICO"* N° 6 RETE DI SCOPO.

UU. FF. 1.1f / 1.1g I.T.I. "A. MONACO" *"GOOGLE SUITE"* N° 7 RETE DI SCOPO.

U.F. 1.3e I.C."NEGRONI"*"PER UNA PREVENZIONE ALLA DISPERSIONE SCOLASTICA E DELL'INSUCCESSO FORMATIVO: NEUROSCIENZE E APPRENDIMENTO"*N° 8 RETE DI SCOPO.

U.F. 1.1h L.C."G. DA FIORE" *"DIDATTICA PER COMPETENZE* "N° 9 RETE DI SCOPO

U.F. 1.2e IIS S. GIOV.IN F."ITCG-IPA-IPSAR-ITI" DA VINCI *"VALUTAZIONE"*N° 10 RETE SCOPO

Questa Scuola Polo ha curato nel dettaglio l'organizzazione delle seguenti Unita Formative:

U.F. 2.1c "LINGUA INGLESE" SCUOLA POLO PER LA FORMAZIONE I.C. "DON MILANI –DE MATERA" V CS *"SPERIMENTARE NUOVI AMBIENTI DI APPRENDIMENTO NELLA SCUOLA PRIMARIA: IL CONTENT AND LANGUAGE INTEGRATED LEARNING (CLIL)"* SCUOLA POLO.

U.F. 2.1a " LINGUA INGLESE". Questa azione formativa è stata articolata in un Corso di 40 ore realizzato a cura del servizio CLA dell'UNICAL. *"QUALE PROFILO E QUALI COMPETENZE PER IL DOCENTE DI LINGUA INGLESE NELLA SCUOLA PRIMARIA".* SCUOLA POLO

U F. 2.1b "LINGUA INGLESE". Questa azione formativa è stata articolata in un Corso di 40 ore realizzato a cura del servizio CLA dell'UNICAL. *"QUALE PROFILO E QUALI COMPETENZE PER IL DOCENTE DI LINGUA INGLESE NELLA SCUOLA PRIMARIA".* SCUOLA POLO

UU.FF. 3.1a -31b "DOCENTE REFERENTE/COORDINATORE PER L'INCLUSIONE"
*"PER UNA SCUOLA SEMPRE PIÙ INCLUSIVA: VALUTARE PER INTERVENIRE".*SCUOLA POLO

U. F. 4.1a "SCUOLA INFANZIA" *"IL PROFILO PROFESSIONALE DEL DOCENTE NELLA SCUOLA DELL'INFANZIA".* SCUOLA POLO

U.F. 4.1b "SCUOLA INFANZIA" *"VERSO UNA DIDATTICA PER COMPETENZE IN UNA LOGICA DI CONTINUITÀ EDUCATIVA"*. SCUOLA POLO.
UNITA' FORMATIVA "C.P.I.A."
  U.F SPERIMENTALE "CORSO CLIL THROUGH
CLIL TO B1".

Il notevole impianto progettuale relativo alla II^ Annualità a.s. 2017/2018 del PNFD dell'Ambito Territoriale n.1 di Cosenza ha previsto la realizzazione di 23 Unità Formative rivolte alle aree di priorità consigliate dallo Staff Regionale.

I "numeri" dei soggetti coinvolti e delle attività progettate per la realizzazione di questo Piano di Formazione appena concluso, rendono l'idea sull'entità dell'imponente impianto organizzativo rivolto alla formazione del personale docente delle 42 Istituzioni Scolastiche afferenti all'Ambito Territoriale n, 1 di Cosenza, ben 4300 docenti, che hanno partecipato a 42 Seminari in presenza affidati a 38 relatori esperti a livello nazionale, per un totale di 122 ore; 200 Laboratori Ricerca-Azione, supervisionati dai 42 dirigenti scolastici delle rispettive Scuole e coordinati da 198 docenti-tutor per un totale di 1316 ore complessive di formazione. Più 200 docenti-tutor, selezionati con Avviso Pubblico e graduati tra i docenti titolari nelle stesse 42 Scuole e formati con 3 micro-seminari formativi per un totale di 9 ore.

Questa Scuola Polo ha gestito tutte le attività di formazione insieme alle Scuole Capofila delle dieci reti di scopo appositamente costituitesi, ottenendo consensi ed approvazione, per il notevole lavoro organizzativo, non solo dagli altri dirigenti scolastici delle Scuole afferenti all'Ambito T. n. 1 di Cosenza ma, soprattutto, dai componenti dello Staff di Supporto dell'USR Calabria che, più volte, hanno sottolineato l'imponenza dell'ottimo impianto organizzativo e la qualità degli interventi formativi e, non ultima come importanza, la capacita delle Scuole dell'Ambito Territoriale n. 1 di Cosenza di "fare squadra" e di riuscire a lavorare insieme con armonia e compattezza, mettendo in campo sinergicamente risorse umane e servizi.

Una grande scommessa vinta, quindi, in considerazione del grande dispiegamento di forze che i grandi numeri della nostra formazione hanno comportato, una bella prova di forza e di coesione da parte del personale coinvolto nell'organizzazione delle azioni formative. I consensi alle attività formative sono stati unanimi, soprattutto, a cura dei veri protagonisti della formazione: i 4.300 docenti che hanno partecipato con grande entusiasmo e vivacità a tutte le attività previste, comprese quelle on line. Molto interessante è stata l'organizzazione dei laboratori di Ricerca-azione, che ogni docente ha potuto realizzare nella propria Scuola, con i colleghi/tutor ed i dirigenti scolastici/supervisori e questa organizzazione ha consentito a tutti di sentirsi protagonisti della propria formazione, sviluppando gli input ricevuti dai relatori nei seminari in presenza e sperimentandoli attivamente. E adesso…siamo pronti per ricominciare con un'altra stagione formativa la III^ Annualità del PNFD 2018/2019 ormai al nastro di partenza!

PNF 2017/2018: il secondo anno della formazione docenti per l'Ambito 4 Cal.

Elena Cupello Dirigente Scolastico IPSEOA Paola –Scuola polo Formazioned'Ambito 4 Cal.

Antonio Carpino docente di materie letterarie (Italiano e Storia) e Referente per la Formazione presso l'IPSEOA "San Francesco" di Paola (CS) sede Casa Circondariale.

Si è concluso il secondo anno del Piano Nazionale della Formazione dei docenti che ha visto l'espletarsi di attività formative a tutto tondo, finalizzate alla crescita professionale dei docenti di ogni ordine e grado.

Per la provincia di Cosenza l'organizzazione è stata affidata alle scuole Polo di ciascun Ambito: 1, 2, 3 e 4 Cosenza, CAL0004.

L'ISEOA "San Francesco" di Paola, in quanto scuola Polo dell'Ambito 2, come già nell'a.s. precedente, si è fatta carico del coordinamento di tutte le operazioni necessarie al fine di garantire un ampio ventaglio formativo e una partecipazione estesa e proattiva a tutti i docenti afferenti al suddetto Ambito.

L'Ambito 2 Cosenza si estende per circa 100 Km di lunghezza e si espande nell'entroterra, da Campora S. Giovanni fino a Paia a Mare passando per Malvito, Fagnano e Roggiano. Vista la complessa articolazione territoriale, i seminari si sono tenuti, a rotazione e in base alla capienza, nelle scuole snodo dell'ambito dichiaratesi disponibili ad ospitarli, secondo una dislocazione strategica precisa: Alto Tirreno, Medio Tirreno, Basso Tirreno ed Entroterra, la componente logistica ha rappresentato una criticità di non facile approccio tattico.

L'intero piano per l'a.s. 2017/2018 è stato preliminarmente strutturato e reso disponibile sul sito dell'IPSEOA, mentre tutti gli interventi formativi si sono sviluppati:

- sulla base delle indicazioni sulle azioni formative da realizzare nella seconda annualità del PNF (note: MIUR 44777 dell'8 novembre 2017 e n. 52 dell'USR Calabria Ufficio 2), ed alla luce delle novità normative in atto;
- secondo le esigenze formative dei docenti, emerse a seguito delle indagini attuate *ad hoc* dalle singole istituzioni scolastiche;
- confermando la scansione in Unità Formative che, insieme ai corsi di formazione linguistica, costituiscono il Piano d'ambito.

Queste le Priorità formative alle quali si è fatto riferimento:

Priorità 4.2	Didattica per competenze, innovazione metodologica e competenze di base
Priorità 4.6	Insuccesso scolastico e contrasto alla dispersione
Priorità 4.9	Valutazione e miglioramento
Priorità 4.4	Percorsi di formazione linguistica con elementi di metodologia didattica innovativa per il raggiungimento del

	livello A2/ B1
Priorità 4.5	Inclusione e Disabilità
NUOVA PRIORITÀ NAZIONALE	Azioni formative rivolte ai docenti della scuola dell'infanzia

Come per l'anno precedente la singola Unità Formativa, che prevedeva un impegno di 25 ore complessive per il corsista, è stata strutturata nel modo seguente:

- 6 ore in presenza: seminario di apertura (3h) e seminario di chiusura (3h);
- 6 ore per due laboratori;
- 6 ore di sperimentazione didattica documentata e ricerca/azione;
- 6 ore (anche on line) per studio di materiali o di caso individuale e/o collegiale;
- 1 ora di restituzione con ricaduta nell'istituto di appartenenza.

Mediante anche la costituzione di reti di scopo e progetti specifici a livello territoriale, l'IPSEOA si è premurata dunque di portare a termine esperienze formative relative all'inclusione, alla didattica per la scuola dell'infanzia, alle lingue straniere, e con la delega ricevuta dalle altre scuole Polo della Provincia di Cosenza (1, 3 e 4) ha coordinato tutte le attività relative alla formazione nel periodo di prova dei docenti neoassunti della Provincia, 448 insegnanti.

La logistica, la complessa comunicazione tra tante strutture e persone, l'accavallamento degli impegni formativi con le incombenze scolastiche non curriculari e un ventaglio di scelte forse "troppo ampio" che spesso ha fatto scattare nei docenti il meccanismo mentale del "tante scelte...nessuna scelta" e che ha determinato sovente non solo la mancata adesione preliminare ma anche l'abbandono in corso d'opera, questi i punti di debolezza di un intenso lavoro che ha visto coinvolti più di 1700 docenti.

Di contro il rafforzato utilizzo di tecnologie digitali per la gestione degli eventi (piattaforma SOFIA, Moodle e Google), la creazione di forti e spontanei legami tra le scuole e le persone, la condivisione e lo scambio di esperienze, lo sviluppo della progettualità nonché un sensibile miglioramento nei contatti e nella condivisione con le altre scuole polo, ha garantito un fruttifero scambio di conoscenze e strategie oltre che rendere esperienzialmente fruttifero un intenso anno di lavoro.

Come negli anni precedenti, anche per l'anno scolastico 2017/2018 i docenti neo-immessi in ruolo hanno dovuto partecipare alla propria formazione da nuovi assunti con contratto a tempo indeterminato, superando un anno di prova denso di impegni, lavoro ed opportunità.

Per la Provincia di Cosenza, organizzata in quattro Ambiti (1, 2, 3 e 4 Cosenza-CAL 0004), il coordinamento delle attività, secondo quanto previsto dalla nota USR CALABRIA n. 12015 dell'8/8/2017, è stato affidato alla Scuola Polo per la formazione dell'Ambito 2, l'IPSEOA "San Francesco" di Paola, che, ricevendo la delega da parte delle altre tre Scuole Polo della Provincia, sotto l'egida dell'USR Calabria, si è fatta carico, nelle persone del Dirigente Scolastico prof.ssa Elena Cupello e dei membri del team per la formazione selezionato *ad hoc*, dell'organizzazione di tutti gli eventi e attività formative previste e dell'espletamento delle incombenze che hanno permesso ai docenti interessati di portare a termine questa esperienza.

L'insieme degli insegnanti coinvolti, per tutta la Provincia, ha contato il cospicuo numero di 448 unità, appartenenti ad ogni ordine e grado insieme a coloro i quali hanno ottenuto il passaggio di ruolo (dunque sottoposti ad un secondo anno di prova, come nel caso dello scrivente) e ai docenti che non avevano effettuato l'anno di formazione e prova nel precedente anno scolastico.

Il prospetto a seguire offre un quadro chiaro e riepilogativo dei numeri con i quali ci si è confrontati

NEO ASSUNTI 2017/18	Ambito 1	%	Ambito 2	%	Ambito 3	%	Ambito 4	%	TOT 112
Iscritti	56	100,00%	97	100,00%	204	100,00%	91	100,00%	448
Formati	49	87,50%	88	90,72%	179	87,75%	81	89,01%	397
Visiting	1	1,79%	3	3,09%	7	3,43%	9	9,89%	20
Assenti non formati	7	12,50%	9	9,28%	25	12,25%	10	10,99%	51

Le attività si sono sviluppate secondo quanto già sperimentato nell'anno scolastico precedente, anche se con degli elementi di novità come la possibilità di esperire il *visiting* in scuole innovative e l'espletamento di un laboratorio sullo sviluppo sostenibile, nel rispetto di quanto delineato nel DM 850/2015 e nella CM36167 del 5 /11/2015.

I docenti quindi sono stati impegnati, oltre che nelle attività didattiche curriculari ordinarie, in un percorso complesso che si è snodato attraverso i seguenti punti:

- Bilancio delle competenze iniziale (3 ore)
- Incontro propedeutico (3 ore)
- Laboratori formativi (12 ore)
- Peer to Peer con un docente tutor (12 ore)
- Formazione on-line (14 ore)
- Bilancio delle competenze finali (3 ore)
- Incontro di restituzione finale (3 ore)

Dunque da un lato ci si è confrontati con la dimensione fattiva ed operativa della scuola viva, con impegni, risorse umane, problemi e questioni strettamente legate alla realtà lavorativa, dall'altro lato si è avuta l'opportunità di contare sul supporto di un tutor e sulla frequenza dei laboratori tenuti da esperti che hanno approfondito tematiche fondamentali quali: "Le nuove risorse digitali e il loro impatto sulla didattica", "I bisogni educativi speciali", "L'educazione allo sviluppo sostenibile", "La gestione della classe e le problematiche relazionali: l'inclusione".

La compilazione del portfolio personale, del bilancio delle competenze iniziale e finale, dei feedback riguardo le esperienze laboratoriali e di peer-tutoring sulla piattaforma Indire, per quanto impegnativi, hanno rappresentato momenti di riflessione, analisi ed autovalutazione che molto probabilmente non si ripresenteranno con la stessa intensità ed efficacia emotiva.

Fondamentale, perché tutto si svolgesse in modo lineare è stata la repentina e puntuale comunicazione a tutto tondo operata dalla scuola Polo che ha sempre agito in modo compiuto, affinché l'esperienza vissuta da tutti gli insegnanti fosse fruttifera e coerente rispetto al percorso professionale intrapreso.

Gli incontri iniziale e finale, presieduti dai dirigenti delle scuole Polo di fronte al collegio dei neoassunti, hanno infine conferito un senso circolare all'intera esperienza.

Buone prassi formative dell'ambito 5 Calabria

Cinzia D'Amico Dirigente scolastica

ITC Luigi Palma Corigliano Cal. Scuola Polo per la Formazione Ambito Cal. 5

Significativa esperienza di comunità professionale per l'innovazione delle pratiche didattiche è quella maturata in attuazione della II^ annualità del Piano Nazionale per la Formazione Docenti - Ambito 5 Calabria.

Le attività formative sono state coordinate e realizzate dall'IIS "Luigi Palma" Scuola Polo per la Formazione in collaborazione con le 33 Istituzioni scolastiche componenti l'Ambito.

Ispirandosi all'idea di una professionalità docente che si arricchisce attraverso la riflessione e la collaborazione, si è incentivato e rafforzato l'utilizzo di metodologie didattiche innovative finalizzate a promuovere apprendimenti significativi, cooperativi e inclusivi per rendere l'alunno protagonista del suo apprendimento.

Le tematiche trattate identificano bisogni formativi dei docenti ed esigenze di sviluppo delle scuole incardinandoli nelle priorità strategiche nazionali. Facendo leva sulla voglia di crescita professionale dei docenti, sono stati realizzati percorsi formativi immediatamente spendibili nelle pratiche didattiche quotidiane, garantendo una formazione di elevata qualità culturale, scientifica e metodologica.

Le Unità Formative realizzate sono state replicate più volte e in più sedi con il medesimo impianto metodologico seppure con un numero di ore diverso. Lo svolgimento delle UU.FF. è avvenuto attraverso attività seminariali e laboratoriali in presenza, formazione on line, attività di ricerca-azione, sperimentazione nelle classi delle attività progettate e successiva documentazione e restituzione degli esiti.

Diverse le tematiche sviluppate: *didattica per competenze e innovazione metodologica, competenze di cittadinanza e cittadinanza globale, affettività e disagio giovanile, valutazione autentica e certificazione delle competenze, pratiche educative e didattiche nella scuola dell'infanzia, formazione dei referenti/coordinatori dell'inclusione, dizione e lettura espressiva,* quest'ultima tematica è stata sviluppata per rispondere a bisogni formativi specifici di un gruppo di scuole che hanno costituito una rete di scopo.

Realizzati inoltre due percorsi rivolti ai docenti della scuola primaria e dell'infanzia per il conseguimento della certificazione linguistica in lingua inglese livello A2 e B1 del QCER.

Altamente innovativi i percorsi formativi e di accompagnamento all'innovazione rivolti ai tutor facilitatori impegnati nella conduzione delle attività laboratoriali: una scelta strategica che ha consentito non solo di assicurare l'efficace gestione dei laboratori, quanto di formare docenti "esperti" e "moltiplicatori" che, adeguatamente valorizzati nelle scuole di appartenenza, costituiranno una ineludibile risorsa strategica al servizio dell'innovazione e del miglioramento.

Tanti gli esperti formatori coinvolti con caratteristiche e profili professionali diversi, sono state così valorizzate competenze professionali locali, coinvolti docenti universitari di chiara fama, instaurati rapporti con enti accreditati e qualificati.

Continuità dell'azione formativa e trasferibilità dei contenuti e dell'esperienza hanno rappresentato gli elementi ispiratori dell'architettura organizzativa. Materiali e modelli didattici prodotti sono stati raccolti ed inseriti in un "repository" quali esempi di buone pratiche liberamente consultabili, modificabili ed adeguabili ad altro contesto.

L'80% degli iscritti ha concluso il percorso formativo. Un dato questo che, se da un punto di vista quantitativo appare inferiore al 95% dell'anno precedentemente, assume diverso significato se considerato in relazione ad una formazione che non è stata percepita come adempimento contrattuale, ma libera scelta di sviluppo professionale per essere accompagnati e sostenuti verso la piena autonomia culturale, didattica, di ricerca, sperimentazione e sviluppo.

Un percorso formativo che ha avuto l'inestimabile valore di promuovere e rafforzare le relazioni umane e professionali all'interno dell'Ambito creando occasioni di incontro, condivisione, scambio, conoscenza, confronto, riflessione, favorendo in tutti un arricchimento sul piano umano, culturale e professionale.

Una formazione, quella dell'Ambito 5 Calabria, che si propone il fine ambizioso di creare un sistema di relazioni e legami che possano trasformare realmente la scuola in laboratorio permanente di innovazione e ricerca.

Il piano nazionale formazione docenti Ambito 6 Cal.

Un'opportunità per garantire il successo scolastico degli studenti.

Bruno Barreca Dirigente Scolastico IIS Mattei Castrovillari Scuola polo Ambito 6 Calabria

Il PNF dell'ambito 4 della provincia di Cosenza è stato offerto come prospettiva di crescita professionale e personale dei singoli docenti nonché come potenziale miglioramento della qualità dell'offerta formativa delle scuole dell'ambito in risposta alle nuove istanze educative manifestate dagli studenti e dalle loro comunità scolastiche.

La formazione del personale docente è stata pianificata a livello di ambito cercando di rendere coerenti due azioni formative: quella che i docenti realizzano individualmente nella propria comunità professionale e di ricerca, quella delle istituzioni scolastiche.

Il piano dell'ambito ha puntato ad evitare sovrapposizioni con le Azioni Nazionali che già costituivano parte integrante dei piani delle istituzioni scolastiche, delle reti di scopo e delle reti di ambito e, soprattutto a favorire una progettazione didattica trasversale riguardante i diversi gradi scolastici presenti nelle trentadue scuole dell'ambito, prevalentemente del primo ciclo d'istruzione. Il piano di formazione è stato svolto regolarmente senza particolari problemi, soprattutto grazie al lavoro svolto dalla cabina di regia dell'ambito che ha pianificato e gestito le attività di formazione sui tre snodi individuati nell'ambito concentrando le attività seminariali su quattro istituzioni scolastiche: l'IIS E. Mattei di Castrovillari (scuola polo), l'IC di Montalto Uffugo Taverna, l'IC di Montalto Uffugo Centro, il Liceo V. Julia di Acri. Sui tre snodi sono stati svolti n. 23 seminari in presenza di n. sei ore cadauno e n. 2 corsi di formazione linguistica ciascuno di n. 50 ore, per un totale di n. 238 ore.

La parte laboratoriale - riguardante ciascuna delle diverse unità formative proposte - impostata in continuità con le attività svolte nei seminari e con l'obiettivo di avviare attività di sperimentazione/ricerca azione - è stata distribuita in maniera capillare su tutte le scuole dell'ambito ed è stata affidata al coordinamento di tutor identificati con avvisi delle singole istituzioni scolastiche nonché ad un'azione di supervisione dei DD.SS. della cabina di regia, Barreca Bruno per i laboratori dello snodo di Castrovillari, Mancini Teresa e Faraco Gemma per i laboratori dello snodo di Montalto Uffugo e Pellegrino Rosa per lo snodo di Acri. Sono stati svolti n. 84 laboratori di n.6 ore ciascuno per un totale di n. 524 ore di formazione.

I docenti hanno potuto approfondire la formazione in presenza su una piattaforma web-based in grado di raccogliere i contenuti prodotti nelle lezioni e di renderli fruibili sul web all'indirizzo https://matteicvpnf.classedigitale.it/.

Sulla piattaforma, che consentiva la condivisione di lezioni e materiali tra tutti gli utenti, è stato possibile inserire contenuti di esperti, tutor, singoli docenti o di gruppi di corsisti ed è stato altresì possibile compilare un questionario di gradimento in forma anonima dalle cui risposte si è riscontrata la buona qualità:

- degli interventi degli esperti e dei materiali didattici messi a disposizione, la particolare la soddisfazione dei corsisti che hanno seguito l'unità formativa "Disabilità e inclusione" affidata alla Dirigente

Scolastica Antonia Carlini e dei docenti che hanno seguito i corsi di formazione linguistica.
- delle attività svolte nei laboratori che sono da ritenersi soddisfacenti e di sicura ricaduta positiva nel processo apprendimento-insegnamento
- della pianificazione e della gestione del piano di formazione dell'ambito.

Sebbene risultati ottenuti sono da ritenersi positivi, sia sul piano della partecipazione dei docenti che su quello della ricaduta dell'azione formativa, non pochi docenti si dimostrano ancora refrattari a percorsi innovativi e restano ancorati a una concezione autoreferenziale del fare scuola. A mio paree, occorre, pertanto, insistere e promuovere, strutturalmente, processi di cambiamento che mettano il personale docente, nella quotidiana azione di ricerca-azione, nella condizione di facilitare il processo di apprendimento degli alunni che, di tale processo, ancora troppo spesso, non 12(sono i reali protagonisti.

L'auspicio è che ciascuno acquisisca sempre maggiore consapevolezza che la Scuola ha il compito fondamentale di formare cittadini consapevoli il che potrà realizzarsi, per dirla con Edgar Morin, soltanto con "riformando il pensiero" di chi nella scuola opera e non secondo un paradigma scritto in una riforma.

È una sfida aperta, soprattutto per i docenti, perché sono loro che devono " *lasciare i segni* " della loro azione educativa su ciascun studente, nessuno escluso.

L'esperienza della rete nel percorso di formazione del personale docente degli Ambiti CAL 7-8

Vincenzo Corigliano e Franco Rizzuti

Dirigenti Scolastici

Scuola Polo Ambito CAL 7 (I.C. Abate F. Di Bona - Cutro) – Scuola Polo Ambito CAL 8 (I.C. Papanice)

Alessandra Rizzo

componente Comitato Tecnico Scientifico Ambito CAL 7-8

L'Ufficio Scolastico Regionale della Calabria ha individuato l'Istituto Comprensivo "Abate Fabio Di Bona" di Cutro e l'Istituto Comprensivo Papanice di Crotone quali scuole Polo per la formazione del personale docente Legge 107/2015 e per la formazione dei docenti neoassunti, rispettivamente per l' Ambito CAL 7 e Ambito CAL 8.

I due ambiti complessivamente raccolgono le scuole appartenenti all'intera provincia di Crotone e la stessa città di Crotone presenta scuole che fanno riferimento ai due diversi Ambiti.

I Dirigenti Scolastici delle due scuole Polo hanno ritenuto indispensabile realizzare un percorso comune, finalizzato a garantire lo sviluppo di un piano di formazione affine, sia dal punto di vista organizzativo che gestionale. Nasce così un protocollo di collaborazione per la condivisione di tutti gli aspetti della formazione: dalla costituzione di un Comitato Tecnico Scientifico unitario, al reclutamento degli esperti, al confronto amministrativo-contabile, alla gestione di una piattaforma e-learning a supporto della formazione.

Obiettivo principale è stato quello di garantire uguali opportunità formative ai docenti della provincia di Crotone e non solo. Il Comitato Tecnico Scientifico ha evidenziato l'importanza di organizzare i percorsi formativi facilitando la partecipazione dei docenti secondo l'idea che "la formazione va dal docente e non il docente si sposta per la formazione". Nascono quindi nei territori della provincia le scuole sedi degli Snodi formativi: alle sedi della città di Crotone si aggiungono quelle della città di Cutro, Cirò Marina, Santa Severina e Caccuri. Questa opportunità ha fatto registrare un notevole gradimento da parte dei docenti che hanno scelto la sede formativa più agevole rispetto a quella di servizio o residenza.

I percorsi formativi sono stati organizzati tenendo conto delle esigenze espresse dai docenti, attraverso un monitoraggio iniziale e sostenendo specifiche istanze delle scuole della provincia.

Le tematiche più richieste da parte dei corsisti sono state quelle legate alla quotidiana gestione dei conflitti all'interno delle classi e il tema della valutazione, con particolare riferimento al Rapporto di Autovalutazione e Piano di Miglioramento. Si sottolinea che la costituzione di moduli formativi con un numero di corsisti non eccessivo ha permesso la realizzazione di laboratori di ricerca-azione particolarmente attivi e partecipati.

Il Comitato Tecnico Scientifico, tenendo conto delle circolari ministeriali di riferimento, ha inserito l'obbligatorietà per i corsisti della realizzazione di un elaborato tematico e la condivisione delle attività attraverso interventi tematici sul forum di riferimento.

E' stata pertanto creata una piattaforma e-learning, sul modello Moodle, per garantire l'interazione tra i diversi attori della formazione.   La   piattaforma
http://www.formazioneambitocalabria7-

8.it/elearning/login/index.php è stata realizzata con il supporto del docente Animatore Digitale e senza alcun costo.

Il lavoro sinergico e simbiotico tra le scuole Polo degli Ambiti CAL 7 e CAL 8 è stata una sfida in un territorio complesso e caratterizzato dall'assenza di una adeguata rete di trasporto che, in alcuni casi, ha condizionato la disponibilità dei formatori provenienti da altre regioni.

La rete dei due ambiti territoriali ha rappresentato non solo uno strumento di semplificazione amministrativa, ma un incubatore per la progettualità, questa assolutamente spontanea e facoltativa e che i soggetti chiamati ad applicarla lo hanno usato come strumento di crescita delle comunità di apprendimento.

Formazione e aggiornamento realtà ineludibili Ambito Cal. 9

Anna Nucera Dirigente Scolastica ITI Panella – Vallauri Reggio Calabria-Scuola polo formazione Ambito 9 Cal.

Si sono conclusi con successo i corsi di formazione rivolti ai docenti in servizio nelle scuole di ogni ordine e grado dell'ambito 0009 Calabria e, per la prima volta, anche ai coloro in servizio nelle scuole paritarie di Reggio Calabria. Gli incontri hanno visto la partecipazione di corsisti attenti e motivati che hanno, per la rendicontazione finale, prodotto i loro elaborati, frutto di lavoro individuale o di gruppo. Tali elaborati hanno affrontato le tematiche sviluppate nelle diverse Unità Formative proposte dagli esperti. Il piano, nato dall'armonizzazione delle indicazioni del MIUR e dell'USR Calabria con le istanze delle singole scuole, ha dato il giusto rilievo alle esigenze formative dei docenti facendo ricorso ad attività di ricerca didattica e di formazione sul campo. Detto piano è stato, quindi, finalizzato a "consolidare, sviluppare e mettere a sistema le opportunità di crescita professionale dei docenti". Le attività di formazione hanno previsto moduli della durata di 25 ore, suddivisi tra lezioni frontali, esercitazioni e 5 ore di lavoro on line, svolte sotto la guida ed il supporto dei docenti esperti e dei tutor ed hanno affrontato interessanti tematiche quali:

- La relazione pedagogica degli educatori
- Differenziare per includere: strategie per allievi con disabilità e/o disagio
- Innoviamo la didattica con il metodo Feuerstein
- Un laboratorio di didattica orientativa
- Un laboratorio di L2
- A scuola con le tecnologie digitali: lo storytelling

- La valutazione degli apprendimenti e la certificazione delle competenze
- Progettare contesti di apprendimento nella scuola dell'infanzia
- Competenze a ritroso
- Un sistema integrato zerosei
- Corso formazione inglese A1, A2, B1

La didattica per competenze, poichè rappresenta la risposta al un nuovo bisogno di formazione dei giovani, ha costituito il "leitmotive" di tutti i corsi realizzati presso l'ITT "Panella Vallauri" evidenziando il legame che esiste tra le aule scolastiche e la vita che si svolge al di fuori di esse. Dalla convinzione della necessità di una profonda revisione delle proprie modalità di insegnamento, nasce, pertanto, il bisogno di lavorare nella direzione di rafforzare l'applicazione di metodologie attive che rendano lo studente protagonista e co-costruttore del suo sapere attraverso il procedere per compiti di realtà, problemi da risolvere, strategie da trovare e scelte da motivare, integrando nelle discipline il concetto di competenza. A tal fine, tutti i percorsi formativi hanno consentito al docente di sancire il superamento di un modello di didattica prevalentemente trasmissiva.

Dalle rilevazioni effettuate, è emerso un giudizio generale, da parte dei partecipanti, sempre molto positivo sia dal punto di vista della relazione con il personale impegnato, sia per i contenuti didattici, sia per l'organizzazione complessiva delle attività. L'esperienza realizzata, anche se faticosa, è stata sicuramente positiva.

Formarsi Per...Formare Ambito n. 10 Cal

Caterina Autelitano

Dirigente Scolastico IIS La Cava Bovalino- Scuola Polo formazione Ambito 10

La società del nostro tempo, caratterizzata da rapidi e profondi mutamenti culturali ed economici, chiede alla scuola un rinnovato impegno verso il cambiamento e l'innovazione. Il docente, infatti, si trova, oggi, davanti a studenti dalla provenienza sociale e culturale variegata, con alle spalle storie diverse ed interessi differenziati, spesso fragili sul piano emozionale, demotivati allo studio ed in continuo movimento. Davanti ad una platea siffatta, le certezze culturali e professionali vacillano ed il docente è costretto a rivedere il proprio progetto formativo e le consuete modalità di trasmissione delle conoscenze; è costretto a rimettere in discussione la tradizione, i modelli consolidati, le proprie abilità comunicative: deve necessariamente percorrere strade alternative per condurre tutti gli studenti, a lui affidati, al successo formativo. Occorre, dunque, costruire un nuovo profilo professionale del docente attraverso una formazione che sappia offrire multiformi esperienze di apprendimento, per favorire la costruzione di menti aperte all'esplorazione e alla formazione continua; una formazione volta alla maturazione di persone colte, orientate ai valori della persona, capaci di padroneggiare i simboli della cultura in modo personale e creativo, capaci di esprimere identità mature che sappiano affrontare e risolvere problemi, accogliere la complessità della realtà, porsi di fronte all'insegnamento con passione, sentire nel profondo l'importanza, il rigore, l'impegno ma anche la bellezza della propria professione.

Partendo da questi presupposti, il Piano di formazione del personale docente della Rete dell'Ambito n.10 è stato orientato verso l'adozione di percorsi formativi in cui si è registrata una integrazione virtuosa tra teoria e prassi ed in cui sono state previste attività tese alla riflessione condivisa sull'esperienza formativa e alla costruzione collaborativa di un nuovo sapere professionale.

Tutti i percorsi formativi sono stati impostati secondo la logica della ricerca-azione e della integrazione tra teoria, sperimentazione, esperienza, osservazione e riflessione sull'esperienza.

I "Saperi" teorici sono stati pensati come elementi costitutivi delle competenze, intese come orchestrazione significativa di conoscenze ed esperienze, mobilitazione consapevole degli schemi complessi per la risoluzione di problemi, come condizione per riflettere su se stessi e le proprie esperienze, per leggere i propri punti deboli ed interpretare in modo critico le narrazioni delle proprie esperienze.

In questo contesto, particolare rilevanza hanno assunto le attività di laboratorio che si sono caratterizzate come "snodi" tra la teoria e la pratica e come "luoghi" educativi connotati da un " metodo di lavoro", che ha previsto sistematicamente un coinvolgimento diretto dei corsisti nelle diverse attività, promuovendo interventi di analisi, confronto in gruppo delle pratiche didattiche per una loro futura formalizzazione.

I laboratori, attivati nei diversi percorsi formativi, sono stati articolati nella forma della ricerca-azione ed all'interno degli stessi, attraverso forme di tutoraggio a distanza garantite dagli esperti, sono state progettate e validate unità di competenza relative a diversi ambiti di intervento didattico.

Il modello utilizzato ha garantito una cooperazione funzionale tra docenti, puntando i riflettori sulla scuola reale, sulle sue indubitabili competenze e sulle sue migliori esperienze, creando occasioni di dialogo e sviluppo continuo di proposte pedagogico-didattiche concrete, tangibili e sperimentabili.

Una formazione all'insegna dell'interazione- Ambito 11 Cal.

Giuseppe Gelardi

Dirigente Scolastico dell'I.I.S. "F. Severi" Gioia Tauro Scuola polo formazione Ambito 11 Cal.

Abstract:
Percorsi formativi ideati nella piena coscienza dei nuovi sistemi educativi e didattici.
Parole chiave: Formazione, didattica laboratoriale, tecnologia.

L'I.I.S. "F. Severi" di Gioia Tauro, Scuola Polo per la Formazione Ambito 11 Calabria, ha progettato e organizzato la formazione dei docenti per l'a.s. 2017/2018, in concerto con le 31 istituzioni scolastiche afferenti lo stesso ambito.

Al piano per la formazione dei docenti hanno aderito inizialmente 1.835 docenti. L'iscrizione effettiva di 1.760 corsisti è avvenuta sulla piattaforma S.O.F.I.A. e i frequentanti sono stati 1.245.

Undici le unità formative progettate per un totale di 41 corsi. Tematiche attinenti alle competenze di sistema (robotica educativa, coding e pensiero computazionale, digital storytelling...), alle competenze del XXI secolo (corsi di lingua inglese per il conseguimento della certificazione linguistica di livello A2 e B1 previste dal QCER) e alle competenze per una scuola inclusiva (bullismo e cyberbullismo, la dispersione scolastica: prevenzione e contrasto), per poi approdare alla Nuova Priorità "Cultura dell'infanzia" che ha riscontrato il più alto interesse con l'U.F. "Educazione alle emozioni".

Per le attività formative è stata utilizzata la metodologia blended per un totale di 25 ore per U.F. e sono stati individuati 5 snodi formativi per l'espletamento delle ore in presenza. Incisivo il lavoro degli esperti nel ricercare continui feedback con i corsisti grazie alle attività laboratoriali e alla realizzazione di elaborati individuali o di gruppo, inseriti sulla piattaforma dell'Ambito. Elaborati che hanno condotto formatori e corsisti alla riflessione conclusiva: la restituzione finale dell'esperienza, con interessanti dibattiti tra formatori e docenti per un arricchimento reciproco. Efficiente è stata l'organizzazione ed apprezzabile la competenza, la chiarezza espositiva degli esperti e le tematiche utili alla didattica.

Uno dei punti deboli, secondo i dati rinvenuti dalle opinioni dei corsisti, riguarda le UU.FF. di lingua inglese, per le quali sono state programmate 50 ore che, nel complesso, sono risultate non del tutto esplicative per l'acquisizione delle competenze necessarie per il conseguimento delle certificazioni linguistiche.

La formazione dei referenti/coordinatori dei processi sui temi della disabilità e dell'inclusione ha coinvolto un numero di iscritti pari a 39, ma gli effettivi frequentanti sono stati 29. Il percorso è stato espletato in due unità formative di 25 ore ciascuna.

Punti salienti sono stati: l'analisi degli indicatori per l'autovalutazione della qualità inclusiva della scuola con riferimento al RAV, la diagnosi nosografica e il profilo di funzionamento secondo il modello ICF. Efficaci sono state le risorse didattiche avanzate e la realizzazione dei lavori di gruppo con la conseguente stesura di un profilo di funzionamento necessario alla predisposizione del Progetto Individuale e del PEI.

Un incontro propedeutico iniziale, uno di restituzione finale e la realizzazione dei laboratori formativi hanno caratterizzato la formazione dei docenti neoassunti (159 corsisti). Quattro le tematiche affrontate dai 7 gruppi classe suddivisi per ordine e grado di scuola. Una novità è stata l'attività di visiting, molto apprezzata dai 15 docenti coinvolti. Notevole importanza ha ricoperto l'utilizzo della piattaforma e-learning dell'I.I.S. "F. Severi", strumento efficace per la condivisione dei materiali, per i feedback con gli esperti e per il rilascio degli attestati di frequenza.

Va segnalato come punto di debolezza la breve durata degli incontri per l'espletamento dell'attività laboratoriale.

… dal questionario di gradimento

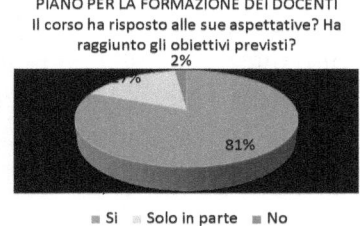

PIANO PER LA FORMAZIONE DEI DOCENTI
Il corso ha risposto alle sue aspettative? Ha raggiunto gli obiettivi previsti?

2%
81%

■ Si ■ Solo in parte ■ No

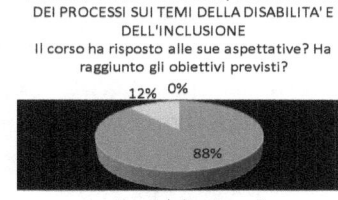

FORMAZIONE DEI REFERENTI/COORDINATORI DEI PROCESSI SUI TEMI DELLA DISABILITA' E DELL'INCLUSIONE
Il corso ha risposto alle sue aspettative? Ha raggiunto gli obiettivi previsti?

12% 0%
88%

■ Si ■ Solo in parte ■ No

L'I.I.S. "F. Severi" si ritiene soddisfatto del lavoro svolto.

La formazione realizzata potrà avere una ricaduta sicuramente positiva nelle quotidiane pratiche didattiche e di gestione dell'aula.

Formazione d'ambito docenti CAL0012 a.s. 2017/2018: un anno di meta-riflessione sulla formazione professionale "agìta". Ambito 12 Cal.

Il Dirigente scolastico della Scuola Capofila della Rete dell'Ambito Territoriale CAL0012 - Liceo statale "Capialbi" Formazione d'ambito docenti CAL0012 - Vibo Valentia -

Abstract

Tratto comune della formazione d'ambito è la necessità di cooperare allo sviluppo di un sistema in rete di condivisione di **best practices**, di strategie e opportunità affinché la formazione, nelle sue potenziali e varie articolazioni, diventi davvero **strutturale e permanente**. Il Liceo "Capialbi", Scuola polo per la formazione dell'Ambito CAL0012, dopo una serie di incontri preparatori, effettuati a livello regionale e provinciale, ha avviato le procedure per l'organizzazione dei corsi di formazione per i docenti, per la seconda annualità 2017/2018. Le Aree tematiche coinvolte sono state cinque, oltre a quella inerente alla formazione dei Coordinatori degli istituti della Provincia di Vibo Valentia sul tema dell'Inclusività. Il Piano ha previsto la programmazione di Unità Formative per ciascun docente appartenente alle 19 Istituzioni Scolastiche, confluenti nell'Ambito Territoriale CAL0012. Entusiasta è risultata la partecipazione dei docenti alle varie attività formative proposte. L'esperienza realizzata, anche se faticosa, è stata sicuramente positiva. Essa, infatti, ha permesso di effettuare scelte strategiche, per uniformare i contenuti e gli strumenti didattici impiegati da utilizzare in tutte le scuole, e ha consentito anche alla scuola capofila di farsi apprezzare per il lavoro svolto e l'organizzazione posta in essere. La presente monografia intende dare conto di questa esperienza, facendone occasione di riflessione per poter rappresentare esempio di buona pratica circa la formazione permanente e strutturale dei docenti.

Parole chiave: formazione - docenti - formatori - ricerca-azione

La stesura del presente documento tiene conto delle norme e degli atti amministrativi che hanno orientato la concreta applicazione del Piano strategico Nazionale di formazione del personale docente per la seconda annualità 2017/2018 e delle sue peculiarità nell'Ambito Territoriale CAL0012. Ci si è posti l'obiettivo di rendere documentabile, per chiunque fosse interessato, il lavoro di rinnovo del modello formativo realizzato dall'Amministrazione, dalla scuola Polo per la formazione e, soprattutto, dagli insegnanti coinvolti nelle varie attività. L'obiettivo di questo atto è appunto quello di restituire in forma riassuntiva le modalità attuative della formazione dei docenti. Le attività di formazione sono state avviate, sulla base dei rilevati fabbisogni, e sono state rispondenti alle priorità indicate dal Piano Nazionale di formazione dei docenti. Sono state individuate e realizzate Unità Formative inerenti a Valutazione e Miglioramento, Didattica per competenze e innovazione metodologica, Lingue straniere, Coesione sociale - Prevenzione del disagio e, non ultima, voluta dalla Cabina di Regia dell'USR Calabria, l'azione formativa rivolta ai docenti della scuola dell'Infanzia. Inoltre, il Piano ha curato la Formazione dei Coordinatori di ciascuna istituzione scolastica della Provincia di Vibo Valentia sul tema dell' Inclusività, ma la vera novità della recente attuazione del Piano è costituita dal favorire la consapevolezza, diffusa sul territorio, della necessità di attuare un processo di miglioramento continuo. La Scuola capofila della rete d'ambito ha finanziato interventi formativi a vantaggio dei docenti degli Istituti Professionali del territorio Provinciale, azioni messe in atto dopo la costituzione di una rete di scopo ad hoc che ha visto l' IPSEOA" E. Gagliardi" di Vibo Valentia come Scuola capofila. Pertanto, si è deciso in prima battuta di fare ricorso all'affermata professionalità di alcuni Docenti, prevalentemente, dell'Università della Calabria con la prospettiva, poi, di formare nuovi altri docenti esperti/formatori che avranno l'onere di trasferire le competenze, di cui sono in possesso assieme a quelle acquisite, ad altri colleghi e fare in modo che già dalla prossima annualità non ci sia la necessità di reperire figure esterne all'ambito, ma ci sia, invece, una più pronta, efficiente ed efficace disseminazione formativa "a rete" sul territorio provinciale, cosicché si possa disporre in breve tempo di una compiuta comunità di apprendimento (Learning Organization).

In ogni area tematica coinvolta sono state strutturate specifiche UFC della durata di 25 ore, di cui 12 in presenza, suddivise tra lezioni frontali e attività laboratoriali di ricerca-azione, 10 di lavoro on-line, esplicate attraverso un'apposita piattaforma, allestita da personale interno all'Istituzione Scolastica capofila, per superare la frammentarietà, la ripetitività e la genericità delle scelte contingenti e per realizzare azioni il più possibile personalizzate e strutturali. La piattaforma, altro elemento rivelatosi indispensabile alla formazione, ha avuto come finalità precipua quella di facilitare la creazione di un ambiente relazionale utilissimo per gestire il "ciclo di vita" del percorso formativo. Entusiasta è risultata la partecipazione dei docenti alle varie attività formative proposte. Gli incontri iniziali e finali sono stati gestiti da alcune istituzioni scolastiche quali: Liceo "V. Capialbi" di VV; I.I.S. "Morelli – Colao" di VV; IIS "Einaudi" di Serra San Bruno; mentre gli incontri di laboratorio sono stati coordinati da altre istituzioni scolastiche presenti all'interno dell'ambito.

I corsi sono stati realizzati somministrando ai fruitori questionari iniziali, intermedi e finali da parte degli esperti, riferiti anche alle competenze specifiche oggetto di formazione. L'Istituto capofila, inoltre, ha realizzato e inviato a tutti i corsisti un questionario di customer satisfaction per la valutazione complessiva dei corsi, attraverso l'utilizzo della piattaforma CAL0012. Da tutte le rilevazioni effettuate è emerso un giudizio generale da parte dei partecipanti sempre molto positivo (con valutazione in media di 9/10 sui singoli aspetti), sia per la disponibilità dimostrata dal personale impegnato, che per i contenuti didattici trattati nelle varie azioni. Non sono emerse particolari criticità. L'istituto capofila è riuscito a organizzare più corsi simultaneamente e ciò è stato possibile in quanto la scuola è dotata di connessione a internet grazie alla fibra ottica che ha consentito l'agevole collegamento fino a 150 utenti in contemporanea. L'esperienza realizzata, anche se faticosa, è stata sicuramente positiva. Essa ha consentito di effettuare scelte strategiche, diffuse su tutte le scuole dell'ambito, per uniformare i contenuti e gli strumenti didattici utilizzati e da utilizzare in tutte le scuole, e ha consentito anche alla scuola capofila di farsi apprezzare per il lavoro svolto e l'organizzazione posta in essere. Alla luce di quanto sopra esposto e degli atti a disposizione presso questa scuola, i corsi di formazione attivati sono stati tutti conclusi regolarmente, entro l'anno scolastico di riferimento. La rilevante consistenza numerica dei docenti in formazione, le novità normative e la conseguente necessità di contestualizzarle alle specifiche e singole situazioni hanno certamente determinato alcuni momenti di "impasse" in fase di attuazione del nuovo modello formativo indirizzato ai docenti; momenti che tuttavia sono stati prontamente affrontati e superati dai diversi Uffici coinvolti. Non semplice si è rivelata l'organizzazione delle attività laboratoriali per un numero così rilevante di docenti: nelle modalità di rilevazione dei loro bisogni formativi, nella forse eccessiva numerosità di alcuni laboratori in relazione alle attività ivi proposte, nell'impossibilità di offrire approfondimenti rispetto a particolari tematiche per cui alcuni docenti hanno poi manifestato particolare interesse. Nonostante le criticità di cui sopra, una prima informale rilevazione effettuata dall'Ufficio

Scolastico Regionale della Calabria sul territorio ha fatto emergere un esito decisamente e sostanzialmente positivo del lavoro svolto. Il rapporto di forte collaborazione instauratosi fra l'Ufficio Scolastico Regionale, gli Uffici di Ambito Territoriale e la Scuola Polo per la formazione ha certamente avuto un ruolo sostanziale ai fini del positivo esito raggiunto.

La complessità del momento è data dalla raggiunta consapevolezza che la modernità sia più liquida e meno definibile di quanto non pensasse Zygmunt Bauman, una modernità sfumata, al punto da essere quasi senza contorni, senza confini definiti. Sono evidenti le difficoltà dell'educare e dell'istruire nel tempo presente, in cui tutto muta continuamente e tutto quindi "accade con una rapidità e una fluidità tali da impedirci di intervenire in maniera concreta ed efficace per stabilirne o mutarne il percorso, preservarne la traiettoria o anticiparne l'andamento". Nella precarietà che tutto avvolge, le tradizionali *consegne* alle nuove generazioni risultano del tutto problematiche, perché "in questa nostra era *moderna*, contraddistinta da cambiamenti rapidi, profondi e permanenti delle condizioni di vita, il sospetto inter-generazionale è molto più marcato"; perché sempre più "anziani e giovani tendono a scrutarsi con uno sguardo misto di incomprensione e incomunicabilità"; perché "entrambi provano insoddisfazione di fronte all'attuale stato delle cose e alla direzione a cui il loro mondo sembra essere avviato e attribuiscono agli altri la colpa del proprio disagio"; e soprattutto perché si ha l'impressione che sia sempre "troppo presto per capire in che modo gli atteggiamenti e le vedute radicate nei giovani di oggi finiranno per adattarsi al mondo che verrà e in che modo quel mondo risponderà alle aspettative che questi giovani sono abituati a considerare certe".

Accostarsi, dunque, al mestiere dell'insegnamento, oggi, significa affrontare la sfida che la realtà pone nella modernità sfumata, significa accettare l'idea di poter sbagliare e la necessità di mantenere sempre alto il livello di attenzione, per accorgersi presto degli errori per correggerli, senza negarli e, dunque, senza perseverare in questi.

Comunità professionale

La centratura sugli incontri laboratoriali ha riscontrato pieno gradimento da parte dei docenti. Emerge l'idea di una comunità professionale che dialoga e si scambia esperienze e contenuti, aperta al contesto, non autocentrata e autoriferita. Lo strumento della reciproca osservazione degli insegnanti nei contesti didattici (peer observation) si consolida come metodo per riflettere sul come, con chi e con quali risultati si lavora. Questa modalità diminuisce anche il rischio di sovraccarico emotivo e di burnout per i docenti. La solitudine professionale non giova, poiché è nel lavoro comune che si innestano le maggiori soddisfazioni e lo scambio di buone esperienze, nonché si realizza il radicamento nelle istituzioni scolastiche di know how appreso. A chiusura del percorso è stato realizzato un focus di approfondimento sui bisogni formativi dei docenti, per acquisire gli elementi utili a definire le future linee di intervento. Fondamentale, infatti, è l'ascolto delle necessità espresse dai docenti: da queste, che pure non sono l'unica variabile in gioco, non si può prescindere. L'augurio ai docenti tutti è di comprendere che essere insegnanti è un'opportunità fortunata, perché umanamente e professionalmente arricchente, che esige al contempo costanza, dedizione, umiltà, capacità di relazione oltre alle forti motivazioni personali. In poche parole, essere insegnanti richiede un'alta responsabilità sociale, dimensione non certo aggiuntiva ma indissolubilmente strutturale.

Riferimenti normativi

- Decreto del Presidente della Repubblica 8 marzo 1999, n.275, recante "Norme in materia di autonomia delle istituzioni scolastiche";
- Circolare n.02 dell'11 marzo 2008 della Presidenza del Consiglio dei Ministri, Dipartimento Funzione Pubblica, Ufficio Personale Pubbliche Amministrazioni;
- Legge n.107/2015, art.1, cc.70, 71, 72 relativi alla formazione di reti fra istituzioni scolastiche;
- Legge n.107 del 13 luglio 2015, recante la "Riforma del sistema nazionale di istruzione e formazione e delega per il riordino delle disposizioni legislative vigenti", in particolare l'art.1, c.124 che stabilisce obbligatoria, permanente e strutturale la formazione in servizio dei docenti di ruolo;
- D.D.G. Ufficio Scolastico Regionale per la Calabria n.7613 del 4 maggio 2016 con cui vengono definiti gli Ambiti Territoriali della Regione Calabria;
- nota MIUR n.2915 del 15 settembre 2016 recante "Prime indicazioni per la progettazione delle attività di formazione destinate al personale scolastico";

- Nota MIUR n.31924 del 27 ottobre 2016 avente a oggetto: "Piano per la Formazione dei Docenti (2016/2018);
- Nota MIUR n.47777 dell'8 novembre 2017 avente a oggetto: "Indicazioni e ripartizione fondi per le iniziative formative relative alla II annualità Piano di Formazione Docenti";
-bisogni formativi espressi dai Dirigenti scolastici delle scuole in rete Ambito CAL0012 nell'incontro del 25 gennaio 2018, verbale n.1;
- verbale n.1 della rete d'Ambito CAL0012 del 25 gennaio 2018 in cui sono stati individuati i componenti della Cabina di Regia nonché le istituzioni scolastiche Sedi di formazione per le attività dislocate nel territorio;
- Unità Formative del Piano elaborato dal Dirigente scolastico della scuola polo per la formazione dell'Ambito CAL0012 per l'a.s. 2017/2018;

- verbale n.2 della Cabina di regia dell'Ambito CAL0012 in cui si approva il presente Piano di Formazione Docenti II annualità;
- esiti del monitoraggio per conoscere i bisogni formativi dei docenti dell'Ambito CAL0012;
- D.D.G. Ufficio Scolastico Regionale (Calabria) prot.AOODRCAL 17937 del 26 ottobre 2016 con cui questo Liceo "V. Capialbi" di Vibo Valentia è stato individuato quale scuola polo per la formazione della rete dell'Ambito Territoriale CAL0012.

Formazione d'ambito docenti a.s. 2017/2018-Ambito 13 Cal.

Nicolantonio Cutuli

Dirigente Scolastico POLO FORMATIVO: I.I.S. TROPEA – Ambito Cal. 013

L'ambito territoriale denominato Calabria 013 è guidato dall'Istituto d'Istruzione Superiore di tropea, capofila e polo formativo della rete di scuole.

Il territorio di riferimento custodisce preziose testimonianze del passato legate alle diverse invasioni avute nel tempo: romani, normanni, saraceni, bizantini ecc, dove si può ammirare una natura, per certi versi ancora incontaminata ed allo stesso tempo riplasmata dall'opera sapiente di generazioni di agricoltori.

A tutto ciò si aggiunge la presenza di moderne strutture ricettive che hanno riformulato l'economia locale, un tempo di matrice squisitamente agro-alimentare, consacrandone definitivamente la vocazione turistica abbinata alle tradizioni ed al gusto dei prodotti tipici locali, i quali rendono possibile la scoperta dell'entroterra e fanno apprezzare il profumo della Calabria.

Tuttavia, questa terra, non presenta solo bellezze naturali e risorse. Infatti, sono presenti diverse criticità legate alla società e alla storia del sud.

Ad esempio, il fenomeno dirompente della criminalità organizzata rappresenta un pericolo costante con cui la comunità deve fare i conti.

Ma è necessario ricordare anche il dramma occupazionale che incide sulla vita dei giovani (per l'assenza di prospettive) e degli adulti (per la perdita del lavoro).

Tutto questo, spesso, si traduce in situazioni di disagio sociale e isolamento, ragion per cui, il ruolo educativo e culturale delle scuole assume una centralità decisiva per lo sviluppo e la risoluzione di ataviche questioni.

Le scuole di ogni ordine e grado, presenti nel territorio, sono quattordici:

Istituto Istruzione Superiore Tropea (Polo formativo Ambito Calabria013)		
Istituto Comprensivo Rombiolo	Istituto Comprensivo Vibo m.na	Istituto Comprensivo Ricadi
Istituto Comprensivo Tropea	Istituto Comprensivo Cessaniti	Istituto Comprensivo Mileto
Istituto Comprensivo Nicotera	Istituto Comprensivo Briatico	Omnicomprensivo Pizzo
Omnicomprensivo Filadelfia	Omnicomprensivo Nicotera	
Istituto Comprensivo San Costantino Calabro	Istituto Comprensivo S.Onofrio	

Per avere delle istituzioni scolastiche sempre più conformi e rispondenti alle necessità del contesto nel quale operano, durante l'anno scolastico 2017/18, l'Istituto Superiore di Tropea, guidato dal Dirigente Scolastico prof. Nicolantonio Cutuli, ha sperimentato un nuovo modello di formazione docenti, nel quale si è cercato di rendere i corsisti dei soggetti attivi delle attività poste in essere.

L'obiettivo principale che ha animato il lavoro di formazione è stato quello di realizzare una rete di scuole ed un territorio attenti al superamento delle diseguaglianze - siano esse fisiche, razziali, sociali o economiche - che abbiano come fine la completa valorizzazione di ogni soggetto in formazione, assicurando conoscenze e competenze sempre più conformi a quanto richiesto dalla società moderna, dal mercato del lavoro e dalle emergenze del contesto circostante.

Tante sono state le novità proposte, a cominciare dalla vasta offerta formativa predisposta per l'attuazione del Piano d'Ambito e comprendente ben sei diverse tematiche: la didattica per competenze, la valutazione, la coesione sociale, l'inclusione e disabilità, la lingua straniera inglese e per finire, un modulo dedicato unicamente alla formazione docenti per la scuola dell'Infanzia.

Pur confermando la modalità blended dell'anno precedente (attività formative in presenza e online) vi è stato un coinvolgimento dei docenti su temi a loro vicini nella quotidianità, ma soprattutto, la parte di formazione sul campo ha visto la collaborazione di vari gruppi di insegnanti impegnati nello studio e nella redazione di proposte metodologiche e operative, simulate all'interno delle proprie scuole, a cui è seguito un momento di confronto-dibattito finale sul lavoro svolto con gli stessi Esperti formatori.

E' stato realizzato un catalogo formativo rispondente ai bisogni evidenziati dalle scuole dell'ambito, a cui è seguita la partecipazione di un numero complessivo di corsisti pari a 933 unità.

In dettaglio, i percorsi formativi sono stati strutturati secondo l'articolazione di seguito riportata:

Attivita'	Durata
Incontri in presenza	9 ore (n.2 incontri da 4,5 ore)
Attività di studio in piattaforma e-learning	8 ore
Project work di gruppo	7 ore
Feedback finale	1 ora

In sintesi, i dati relativi ai percorsi realizzati, ai frequentanti ed alle percentuali di gradimento dei singoli percorsi attivati:

Unità Formativa	Partecipanti	% gradimento percorso
La didattica per competenze e l'innovazione metodologica.	31	93,55
La valutazione degli apprendimenti sulla base del Dlgs 62/2017	78	79,46
Gestione dei conflitti a scuola e prevenzione del disagio giovanile	480	91,31
L'inclusione e la disabilità alla luce del Dlgs 66/2017	201	93,61
L'inglese nel suo livello QCER	79	72,15

Programmare in equipe nella scuola dell'infanzia.	64	94,20

Tra i formatori, sicuramente, spiccano esperti universitari della pedagogia e della didattica, noti a livello nazionale, come il prof. Pietro Lucisano (UniRoma) e il prof. Giuseppe Spadafora (Unical), i quali hanno tenuto il modulo sulla «Didattica per competenze»; il prof. Mario Castoldi (UniTorino), relatore del modulo sulla valutazione; l'ispettore Miur Maurizio Piscitelli, formatore nel modulo sulla gestione dei conflitti e la prevenzione del disagio giovanile; la prof.ssa Simonetta Costanzo (Unical) , esperta sulla tematica dell'inclusione e disabilità; la dott.ssa Renata Martire (Unical) e il Dirigente Scolastico Genesio Modesti, quali formatori nei percorsi sui livelli essenziali della lingua inglese ed, infine, la dott.ssa Pamela Iazzolino (Unical), quale relatrice nel percorso sul lavoro di equipe nella scuola dell'Infanzia. I qualificati relatori, con la loro esperienza e competenza hanno fornito preziosi spunti operativi al Polo di Tropea e a tutta la rete di scuole afferente.

Particolarmente apprezzabile è stato il lavoro di gestione e coordinamento delle attività svolto dai Tutor Educativi d'Aula, presenti nei diversi percorsi e dagli Animatori digitali delle varie scuole del comprensorio. Difatti, la loro funzione è stata determinante ai fini dell'assistenza ai corsisti nella Piattaforma Tropea E-learning, ai fini dell'espletamento di tutte le attività di studio e verifica nei percorsi a distanza.

Figure importanti perché calate a pieno nelle singole realtà scolastiche e quindi di grande supporto all'impianto organizzativo.

Così come gran merito nella realizzazione dei corsi va attribuito ai due snodi formativi del territorio che hanno accolto i docenti e coordinato in sinergia con l'Istituto Superiore di Tropea le attività, agevolando i docenti nella partecipazione ai corsi.

Si tratta dell'Istituto Comprensivo di Rombiolo guidato dalla prof.ssa Maria G. Gramendola e dell'Istituto Comprensivo "A. Vespucci" di Vibo Marina diretto dalla prof.ssa Maria Salvia.

Le due scuole hanno collaborato con massima professionalità e disponibilità, mostrando entusiasmo, accoglienza e una solida organizzazione interna per la buona riuscita del Piano di formazione.

Tra le criticità emerse ed i possibili suggerimenti organizzativi per il futuro sono stati rimarcati:

- La poca incisività del percorso di lingua straniera che necessità di un impianto formativo diverso;
- La possibilità di ridurre il numero delle ore degli incontri in presenza;
- La richiesta di attivare i percorsi per la formazione docenti nel periodo compreso tra Febbraio e Marzo.

Concludendo, si può invece sottolineare che è stato intrapreso un lavoro di squadra importante non solo nell'arricchimento culturale e professionale dei docenti, ma soprattutto, in termini di coesione territoriale e piena sinergia tra le scuole dell'ambito vibonese.

Percorso formazione regionale USR Calabria-Ufficio II-PNFD-Neoassunti-Inclusione

Mariateresa Bello-Ass. amm.vo USR CALABRIA-Ufficio II

Partendo dalla nota MIUR n.AOODGPER4777 dell'08/11/2017 recante: "Indicazioni e ripartizione fondi per le iniziative formative relative alla II annualità. Piano di formazione docenti, nonché per la formazione docenti neoassunti a.s.2017-2018 e la formazione sui temi dell'inclusione a.s. 2017/2018.", recepita dalla nota dell'Ufficio II prot. AOODRCAL52 del 03/01/2018 l'Ufficio II di concerto con lo Staff Regionale PNFD ha individuato come priorità nazionali da affrontare nell'anno scolastico 2017/18 sono quelle delle competenze e delle connesse didattiche innovative; quella della valutazione degli apprendimenti; una quota parte per area lingue straniere; l'Insuccesso scolastico e contrasto alla dispersione; e la formazione per i docenti dell'infanzia. Ovviamente nella scelta delle tematiche delle UU.FF. d'ambito si è tenuto conto anche degli orientamenti e le indicazioni operative, sorte a margine all'incontro nazionale MIUR- INDIRE del 12 dicembre 2017.

Le quote regionali USR dei fondi della formazione d'ambito (Tabella 1 Piano Triennale formazione quota re 1% = € 12.891,00, Tabella 2 Formazione neoassunti 5% € 2.906,00, Tabella 3 Formazione sui temi dell'inclusione 3% 1.512,00 **Totale: € 17.309,** secondo le direttive MIUR, sono da destinarsi a misure regionali di coordinamento, incontri, conferenze di servizio, monitoraggio e supporto, attribuito alla scuola polo del capoluogo di Regione (Ambito 01 Calabria ITT Malafarina Soverato (CZ)).

L'ufficio Il ha espletato la sua funzione di coordinamento, declinandola per come di seguito:

- Emanazione di circolari operative;

- Consulenza e supporto telefonico , via mail;

- Indizione di conferenze di servizio (20/12/2017);

- Monitoraggio quali-quantitativo con la predisposizione e diffusione di questionari di gradimento;

- Supporto alla rendicontazione anche su piattaforma PIMER;

- Attività di rendicontazione regionale.

L'ufficio, di concerto con lo Staff Regionale per il PNFD, ha ritenuto di voler finalizzare i fondi regionali sopra indicati ad attività formative. Vista l'esiguità dei fondi ha potuto organizzare percorsi formativi, brevi, ma intensi , in cui si è cercato di fornire spunti e suggestioni ai docenti, collaborando con enti accreditati (Università, INDIRE, INVALSI, Reggio Children, Centro Studi Erickson, ecc)., esperti di chiara fama MIUR ecc.

Abbiamo scelto la formazione perché…Noi vorremmo un docente così:

Le 10 competenze
dell'insegnante moderno

L'ufficio non ha la bacchetta magica

Ma ha ascoltato i bisogni formativi emersi dai questionari e dai monitoraggi dei docenti coinvolti…

CALENDARIO ATTIVITA' SVOLTE DALL'USR UFFICIO II- PNFD- NEOASSUNTI-INCLUSIONE

- 22 marzo 2018 -Seminario regionale **"Scuola dell'infanzia statale: i nostri primi cinquant'anni"** Auditorium Liceo Scienze Umane "Cassiodoro" Viale Crotone snc Catanzaro Lido Tale iniziativa regionale si è inquadrata in quelle nazionali per *ricordare cinquant'anni di storia della scuola dell'infanzia italiana* e l'istituzione della scuola materna statale (Legge 18 marzo 1968, n. 444). (relatori D.T. Dr.ssa Bettini MIUR, Componente Consigliera CNPI dr.ssa Zunino, Prof.ssa Costabile UNICAL, D.T. Dr.Piscitelli USR)

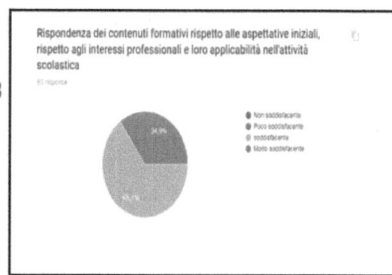

- 21 e 22 Maggio 2018- Formazione referenti/coordinatori dei processi sui temi della **disabilità e dell'inclusione. III^ annualità** . Priorità 4.5 del Piano per la formazione docenti 2016-2019. presso IPSSAR "L. Einaudi" Lamezia Terme (CZ). "Il BES e ICF elementi di Didattica Inclusiva» (Relatore Prof. Marco Pontis Docente a contratto di Pedagogia e Didattica Speciale delle disabilità intellettuali e dei disturbi generalizzati dello sviluppo, Università di Bolzano ed esperto Centro Studi Erickson.

149

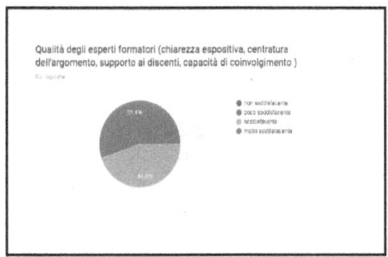

- 29 e 30 Maggio 2018 Formazione regionale ex CM 47777 edll'08/11/2017- Piano per la formazione docenti 2016-2019. **Percorso info/formativo Mindfulness e Bodyfulness** presso IC Sant'Eufemia

Lamezia - Lamezia Terme (CZ) (conduttori Roberto
Barison, Pamela Rosati);

 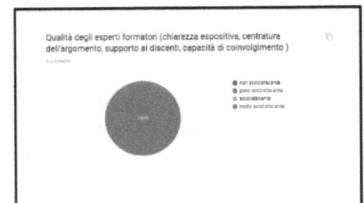

- 11 al 15 giugno 2018- 4-12 settembre 2018 Istituzione
  e organizzazione corso sistema **Braille** Avanzato per
  docenti sostegno di ogni ordine e grado periodo a cura
  Istituto Romagnoli Roma e U.I.C. Catanzaro;

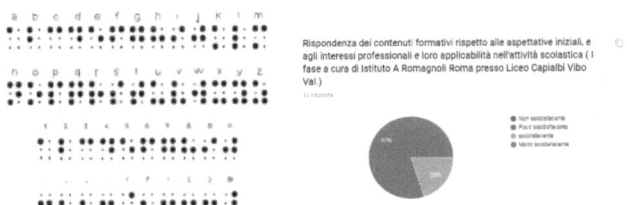

- 3 settembre 2018 Seminario di formazione regionale
  destinato ai tutor dei docenti neoassunti delle scuole di
  ogni ordine e grado della regione dal titolo "**Il cervello
  a scuola**" a cura di UNICAL (Prof.ssa Costabile,
  Dr.ssa Ting) e ente accreditato MIUR Potenziamenti
  (Sig.ra D'Andrea)- presso IC SAnt'Eufemia Lamezia
  Terme;

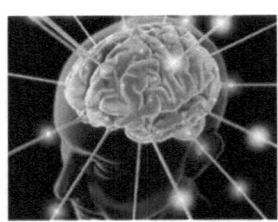

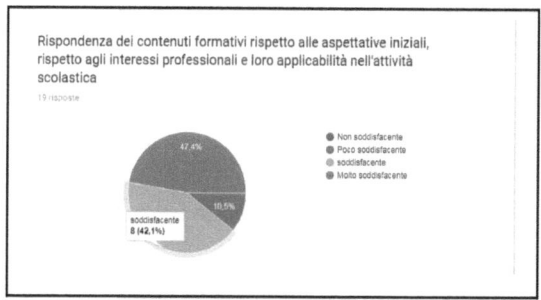

- 24- 25 settembre 2018 Piano per la formazione docenti 2016-2019. Percorso formativo "La Didattica Cooperativa con il Metodo Rossi" - presso IPSSAR Lamezia Terme (CZ) e IIS Castrolibero (CS) .

- 27 Settembre 2018 (nota 19799 del05/09/2018) Seminario di formazione per TUTOR dei docenti che hanno svolto il periodo di formazione e prova a.s. 2017/18 -"**Avanguardie educative (AE): un modello di innovazione sostenibile**" - - presso IPSSAR Lamezia Terme (CZ), con testimonianze attività visiting

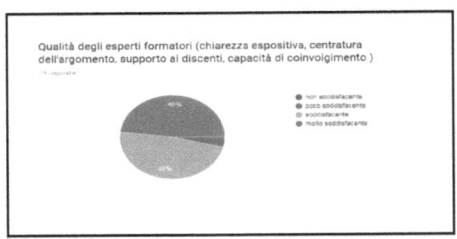

Qualità degli esperti formatori (chiarezza espositiva, centratura dell'argomento, supporto ai discenti, capacità di coinvolgimento)

- 8-10 ottobre 2018 dr.ssa Paola Strozzi di Reggio Children (anche relatore Didacta) come docente relatore nel progetto " **I valori e le organizzazioni che sostengono l'esperienza educativa dei Nidi e delle Scuole dell' infanzia del Comune di Reggio Emilia**" tre giornate di formazione regionale in 4 province destinata a docenti delle scuole dell'infanzia della regione.;

REGGIO CHILDREN

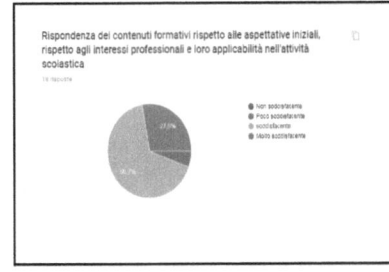

Rispondenza dei contenuti formativi rispetto alle aspettative iniziali, rispetto agli interessi professionali e loro applicabilità nell'attività scolastica

- 17-18 ottobre 2018 Prof. Mario Di Pietro già ordinario Psicologia Università di Padova "L'Educazione Razionale Emotiva;

EDUCAZIONE RAZIONALE EMOTIVA,
il metodo di educazione socio-affettiva che vanta più imitazioni nel web

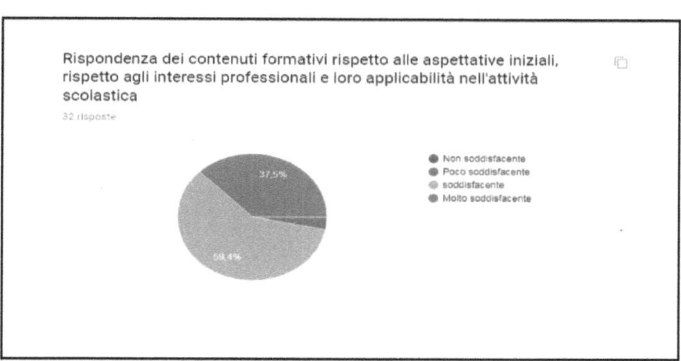

Rispondenza dei contenuti formativi rispetto alle aspettative iniziali, rispetto agli interessi professionali e loro applicabilità nell'attività scolastica

32 risposte

- Non soddisfacente
- Poco soddisfacente
- soddisfacente
- Molto soddisfacente

37,5%

62,4%

Certo questi spunti formativi non pretendono di esaurire tutti i bisogni formativi segnalati dai docenti, ma per fronteggiare i costanti cambiamenti della società, rende indispensabile il life long learning, inteso come una forma mentis curiosa di scoprire e sperimentare, disponibile alla ricerca , per mantenersi al passo coi tempi in tutti i campi e le discipline con cui si ha a che fare nella quotidianità della didattica: teorie pedagogiche, psicologiche, della metodologia e della didattica. Perché docenti non si nasce…, ma si diventa.

www.ingramcontent.com/pod-product-compliance
Lightning Source LLC
Chambersburg PA
CBHW030751180526
45163CB00003B/981